成都

城事百年

蜀中芙蓉为君开

龚明德　贺宏亮　编

苏州新闻出版集团
古吴轩出版社

图书在版编目（CIP）数据

蜀中芙蓉为君开 / 龚明德，贺宏亮编. -- 苏州：古吴轩出版社，2024.7
（城事百年 / 李继锋主编）
ISBN 978-7-5546-2099-1

Ⅰ.①蜀… Ⅱ.①龚…②贺… Ⅲ.①城市史—成都 Ⅳ.①K297.11

中国国家版本馆CIP数据核字(2024)第041709号

责任编辑：鲁林林
见习编辑：沈　雪
装帧设计：鹏飞艺术
责任校对：戴玉婷

书　　名：	蜀中芙蓉为君开
编　　者：	龚明德　贺宏亮
出版发行：	苏州新闻出版集团
	古吴轩出版社
	地址：苏州市八达街118号苏州新闻大厦30F
	电话：0512-65233679　　邮编：215123
出 版 人：	王乐飞
印　　刷：	三河市中晟雅豪印务有限公司
开　　本：	889 mm×1270 mm　　1/16
印　　张：	20
字　　数：	209千字
版　　次：	2024年7月第1版
印　　次：	2024年7月第1次印刷
书　　号：	ISBN 978-7-5546-2099-1
定　　价：	39.80元

如有印装质量问题，请与印刷厂联系：0316-3225515

"城事百年"丛书,讲述老城市们的老、旧和曾经的年青、曾经的新、曾经的风姿绰约,以及新老交替间的悲欢离合、人文变迁、社会变革。

历史是活着的记忆。

感谢百年前一批又一批知名或不知名的作家、学者、记者、居民、游客等,正是他们的遇见、感动,才给今天的我们留下宝贵的文化遗存和历史的五味杂陈。

因为他们的讲述,老城市们复活了,繁华的街道、逝去的风景回来了,我们的感怀饱满了。

前　言

贺宏亮

　　时空的距离会产生美感，"民国热"在今天成为一种引人关注也值得探讨的文化现象。倾慕和崇拜民国时代，以及那个时代的人物、逸闻，其实是个很感性的行为，一张美人月份牌，一段才子佳人的缠绵旧事，一篇纵横捭阖的政论，几句战地豪言，都能够成为"民国粉"入坑的机缘。"民国"主题的出版物和影视作品成为市场的新宠。胡适、徐志摩、林徽因……北平、南京、李庄……民国日常生活磨难中的浪漫爱情和学人传奇，俘获了数量可观的读者。"民国四大公子""民国四大才女""民国之后无大师"之类的说法，颇为流行。而艺术家陈丹青等人对"民国范儿"的力推，更是将这股热潮推至巅峰。另一方面，"民国热是个伪命题""民国热该降温了"，这种说法也逐渐出现。

　　民国史学家钱穆先生曾说："任何一国之国民，尤其是自称知识在水平线以上之国民，对其本国以往历史尤必附随一种温情与敬意。至少不会对其本国历史抱一种偏激的虚无主义，视本国以往历史没有一点价值,亦至少不会感到现在我们是站在以往历史最高之顶点。""民国热"其实是一种回望,其中更多的不是怀旧,而是寻找,借历史来浇现实的块垒,试图将当下的社会重新嫁接在民国时期已建立的传统上,表达某些观感与批判。对于民国,既不需要神化,也不应丑化和矮化。触摸民国的最佳方式,应该是阅读第一手的原始文献。

本书所搜集的,是五十余篇与成都有关的民国文献,为读者提供一些了解民国时代成都的参考。编者将这些文字粗略分为五辑。

第一编是"盛名之下",内容包括社会、民俗、民俗生活等。如写于1936年的《成都的茶馆》,描述了被视为成都闲适生活代表的茶馆,将成都茶馆分为"商场茶馆""谋事茶馆""消闲茶馆""家庭茶馆"四类,并分别论说。此文作者余冰魂不算是著名文人,正可反映出"知识在水平线以上之国民",即普通民众当时对于成都茶馆的观察和感受。本辑收入的还有《成都的妇女职业》《成都的电影院》《幽静的成都生活》《过年》《锦城春梦》等。本辑最后一篇文章《转变中的蓉城》,作者"自生"显然是一个笔名,文章的小标题"劳工脸上的欢笑""迷信在动摇着""风景胜地游人少"云云,处处都表述着政权鼎革后的成都新面貌。

成都是西南名城、旅游胜地,近代以来社会发展,旅行成为时尚,《旅行杂志》的创刊,使得这些留存在文字中的旅踪不但在当时就传布四方,更是流传到后世,让我们在几十年后,仍能读到民国旅人们的所见所感。收入第二编"锦城秀色"里关于成都的文章主要写作于二十世纪三四十年代。写于1934年的《成都仿佛是北京——蓉城杂话之一》（微言）中说："北京和成都，全是古城，凡是住过北京再来成都，觉得有很多相似之处……"直到1947年沈绳武在《闲话成都》里还提到"走遍了南北各地的人，一到成都就会感觉到它的风味有点像北平"。看来当时把成都与北平相提并论，应是一种流传颇广的说法。老舍在写于1942年的《可爱的成都》开篇即说："我是北平人，而成都有许多与北平相似之处，稍稍使我减去些乡思。"收入本辑中的还有《锦城片羽》（高越天，1937）、《蓉行杂感》（张恨水，1943）等。而记叙百花潭、浣花溪、丞相祠堂、工部草堂等处风景的文章，如果您和今天再去这些景点的感受比对一下，或许是一件非常有意思的事情吧。

成都不仅是旅游胜地，也是文化名城。特别是抗战时期，风云际会，大批北方的高等院校、文化机构和文化名人入川，当时的成都称得上是"人文荟萃"。第三编"百花竞放"中，收入了老舍的《可爱的成都》《青蓉略记》，朱自清的《外东消夏录》，这是两位著名作家在成都的"雪泥鸿爪"。值得一提的是，朱自清在文章里写"据说成都是中国第四大城"，或许就是今天所谓"第四城"的最初来源吧。遗民的《成都的文化》（1934）、探马的《成都的通俗文学运动》（1938）、零兵的《成都的文艺界》（1940）等文，是不同时段对于成都文化界的描写。周文和扬波的两篇文章，是对同一个事件"鲁迅先生逝世三周年成都市文化界纪念大会"的详细记录，揭示出当时文化活动的诸多细节。田野、赵慕铭、冰莹等人的文章，则是当时的文艺征文获奖作品，这些普通作者的文字，不一定有很高的文学艺术水准，但却真实，都是时代文化的一个碎片或缩影。

第四编是"教育一瞥"。二十世纪三十年代的文章有成象《成都的学生生活》。四川大学是川内最高学府，从本辑收录的文章中，可对抗战胜利后川大从峨眉迁回成都的情形略知一二。徐步青的文章，记录了青年大学生寒假的生活。炽冈和治理的两篇文章，分别谈论成都的中学和小学情况。本辑最后的一篇文章，真实记录了成都青年学生们在二十世纪四十年代中后期的动向，他们反对专制、呼吁民主、鼓吹自由，"不管一切的迫害是怎样加紧，成都的青年学生已经历沉睡、觉醒、希望——这样一段长远而艰苦的道路"。正如一篇文章的题目所言："现实推他们前进！"

坚持十四年艰苦卓绝的抗战并取得胜利，是民国史上最重大的事件。收在第五编"战时剪影"中的好几篇文章，分别记录了从武汉、西安、重庆、北平等不同的城市到成都的经历过程，是当时大量人员播迁入川的真实情况。读过《第一次空袭在成都》《敌空军"爆击之王"碎尸成都碧空记》和《"六一一"成都空战记》，让我们似乎也有了一丝战时的现场感。沈爱蓉《战时成都剪影》（1938）和王若僧《成都见闻》（1945）两文，分别记录了抗战开始和结束时的成都。《谈谈成都市房荒问题》（壶公，1945）登载于《成都市》这份刊物上，描写了抗战胜利前后人们所面对的现实问题。

高尔基编过《世界的一日》，茅盾编过《中国的一日》，孙犁编过《冀中一日》，他们的思路，都是以普通人在普通一天中的记录，为时代留下真实的影迹。在编辑本书的过程中，编者希望这些关于"锦城"的"片羽"，能留下成都这座城市在民国时代的几缕烟景。编者注重对不知名作者文字的收集，希望在名家文章之外，能看到更多相对底层的记录。在对报纸刊物和其他出版物的选择上，也不预设立场，不分左右，兼收并容。所有文字，都未作删改和修饰，以求真实。

编者出生在成都近郊的郫县唐昌镇（就是叶圣陶"近县视学"的第一站崇宁县），十六岁到成都外东沙河堡读书（宿舍隔墙即是李劼人的"菱窠"，与朱自清写作《外东消夏录》时所居宋公桥也相距甚近）。毕业后在成都谋事，算来在这座城市里居住也三十年了。在成都住了三十年，多少总有些感情。近年来，搜集民国文献，凡是遇到与成都有关的内容，我都单独放于一处，正好有"城事百年"丛书出版的因缘，在龚明德老师的指导下，将这些材料归纳整理，都为一编，付诸枣梨。

龚定庵先生有句，"狂胪文献耗中年"，亦编者今日之真实写照也。

二〇二二年十月二十八日在成都

目 录

前　言　　　　　　　　　　　　　　　　　　　　　　　贺宏亮

第一编　盛名之下

余冰魂：茶馆，可算是成都的一种特色　　　　　　　　　003
向　尚：成都水准线下的妇女职业　　　　　　　　　　　007
阿　玉：成都去年一年内是在突飞猛跃地"繁荣"起来　　010
周　文：沙漠啊！沙漠啊！这就是我们抗战的后方！　　　014
佚　名：现在其有戏院七家，又新戏院失慎焚毁　　　　　023
曾正权：住家则应该在成都　　　　　　　　　　　　　　026
刘楚冰：有人把他称作"小巴黎"，也有人称他作"小北平"　031
尹　弁：过年，物价继续高高涨，和平慢慢谈　　　　　　036
陈　纳：刺刀和法律对于饥民是没有多大作用的　　　　　040
钱实甫：成都的盛名实在太大了　　　　　　　　　　　　045
晏　生：一连串大小的事件，更加剧了社会的动荡与不安　054
自　生：它在人民政府正确领导之下，天天在前进　　　　059

第二编　锦城秀色

微　言：成都仿佛是北京　　　　　　　　　　　　　　　067
思　蜀：人们遨游浣花溪，很容易联想到唐代大诗人杜工部来　070

高越天：	成都确是一个住家的好地方	074
张恨水：	到过成都的人，都有这样一句话：成都是小北平	079
赵治华：	我想要说西南是世外桃源的话，那便是成都了	091
牧　人：	我想起了成都，时常念及成都的一切	100
朱　偰：	成都百花潭，与峨眉龙池，堪称名湖	103
沈绳武：	一到成都就会感觉到它的风味有点像北平，也有点像江南	106

第三编　百花竞放

遗　民：	西南的文化城，文化就是这样糟糕	111
探　马：	通俗文学运动不但在成都迅速地展开了，而且即将有"强化"的形势	114
扬　波：	这次展览会不但使敬仰鲁迅先生的人，更觉出他的伟大，而且还使更多的人认识了鲁迅先生	120
周　文：	将先生不屈不挠不妥协的反抗精神更加发扬和深入	130
宋汉灈：	成都确乎是在高度文化里浸润很久的文化城	136
桂　煌：	"青剧"又演出了《两个丈夫》和《人约黄昏后》两个独幕剧	143
田　野：	那地方古老而沉静得像一池子死水一样	146
零　兵：	成都这块文艺田野，是并不荒芜的	149
老　舍：	成都是个可爱的地方	156
老　舍：	灌县的水利是世界闻名的	160
佚　名：	在后方，需要着一个更完备的中心都市	169
赵慕铭：	望江楼夜渡	172
冰　莹：	说一说在成都的文人生活	176
黄　玄：	成都成为大后方演剧的一个据点	180
赵　伦：	成都剧运正在向两个方向发展	186

朱自清：据说成都是中国第四大城 190

第四编　教育一瞥

成　象：成都的学生生活，是甜适的、轻松的、朴素的 199
徐步青：我们的热情激动了无数颗乡民感谢的心 204
治　理：不久的将来，它将会成为一个标准的中心学校 208
邵泽民：从此母校跻于康乐之途，可悉力继谋发展 216
炽　冈：将成都的中等学校，作一个简略的介绍 220
佚　名：使他们深深地思索现实问题，追寻光明的出路 223

第五编　战时剪影

沈爱蓉：负有民族复兴根据地重任的成都是个怎样的情形呢 229
张有民：四川是中华民族复兴的根据地 236
亚　影：国耻重重的五月，我们要把它改变成热烈的狂欢的五月 240
孟　起：从西安到成都 244
宋之的：重庆到成都 256
周　文：我们的青年并不是没有希望的 265
赵光先：每个的面上都绘着一副侥幸的微笑的脸谱 270
翔　夫：敌机终于光顾到我们成都来了 273
庶　民："看呀，敌机要落下啦" 276
洁　泉：自北平到成都 280
舒　淞：我们还是以欣然的心情来接受目前的一切 287
王若僧：成都有三多：老鼠多，茶馆多，厕所多 292
壶　公：成都的房荒问题，在设法解决中 295

附表1：一九四一年成都各大学统计表
附表2：成都市空袭损害表（自二十七年十一月起至三十年七月止）

第一编 盛名之下

余冰魂：
茶馆，可算是成都的一种特色

讲述人生平不详。

成都，在这全国纷扰的当儿，许是一般人所憧憬的吧？在那儿，生活那么简单，环境又那么良好——良好得使你走向懒惰的路上去。真的，那儿的空气也像富有弹性似的，整天都感觉身体是软绵绵的，没一丝儿力气。这种情形，尤其是坐在茶馆里的时候，更能深切地感觉到。

茶馆，可算是成都的一种特色，差不多每条街都有几个，据友人告诉我，成都的茶馆数目，有三四百座之多。呀，这样骇人听闻的一个数目！然而，为什么有这样多呢？根据我个人的观察和友人的告诉，得了一个结论：

拿四川来说，成都是一个政治、学术中心，同时，又因为西陲，并没染上文明都市的习气，风气非常朴质，生活非常简单，一般有钱的富人和军阀们，风起云涌地在这儿买地皮、修房屋，来作长久的归宿地。因了生活的赋闲，而又找不着适当的玩味，所以，他们只好在茶馆中去，清谈啜茗，围棋吟诗，大领受其高人雅士之清趣！日子久了，一般小资产阶级者也仿效起来，后来，竟成为一种风气，而传布到一般人的身上了。一直到现在，这种风气还是盛而不衰。比如你走出街来，碰见了一个朋友，无论他是商人、军官还是学生——他一定要请你到某处去吃茶；或者他今天假如有点事情，他也要与你约某点钟在某处茶馆会见。不过，虽然有这样多的数目，而详细地由性质上分析起来，可以分成四种。

第一种，可以叫作商场茶馆。这一种茶馆，大多分布在城外，什么米市、油市、银市——都设在里边，在早晨与下午，算是最热闹的时候，城里的，以及周围邻近县里的大小商人、卖户，都集中了。闹哄哄地，到处堆满着人，拉拉扯扯地，大声地，像在交锋一样，议论着他们的生意。各人寻找各人的对手，生意讲成了，卖户便将买户请到茶桌旁坐下，堂倌便伶俐地泡上几碗茶，两方争着给茶资，然而，无形中他们像是规定了的，买者是不能给茶资的，所以，堂倌每每是叫道："张洪发（假定张洪发是卖户）给了！"这时，买户一定要假装发怒，叫堂倌退下来，骂他无礼；而堂倌毫不动气，只是假笑地说："下次你再给吧！"

经过了两三个钟头的光景，"市"散了，人们渐渐地退走了，茶馆也跟着静寂起来，堂倌也没有先前起劲了，坐在茶炉的一角，安闲地打着瞌睡。

第二种，可以叫作谋事茶馆，以春熙路一带为多。吃茶的人，大半是一些小政客和求官做的人。那些小政客，都是军阀们的舅子老表，即或不是，也是能在军阀面前说话的人；而这一批求官做的人，经有专门往来于其间的人介绍过后，便可以像讲生意样地直接与你的对手攀谈。官之大小，是看你的孝敬而定。攀谈的时间，是很局促的，所以，有时，这个刚走，那个又来，而对于一切小费的敲杠，他们是不顾及的，因此，堂倌们大得其利。而在那坐柜的胖胖的账房的脸上，也堆满了喜悦的笑容，显示着生意真不错。

第三种，是消闲茶馆，完全集中在少城公园，如枕流、鹤鸣、永聚、浓阴——其中以浓阴最好。公务人员、大学教授、学生、作家——都爱在那儿流连。在清晨或下午，你可以走到那里去，三分钱泡一碗茶，一分钱租一份当天的报纸，口里含一支香烟（假如你能吸烟的话），斜倚在竹椅上，细细地看看时事的变化，或者副刊里的小品文字，假如你还嫌不够味儿，你又可以拿出半毛或一毛钱，买点金钩豆腐干与五香花生米来混合着慢慢地细嚼，不难嚼出火腿味儿来。并且，周围绿茵茵的树木，密丛丛地使你看不见一切讨厌的东西，喧嚣的声音也传不过来，只有一阵阵的清风，由远处吹过来，使你感觉到无上的愉快。这时，你若是因为太舒适了而欲打瞌睡的话，那你尽管打你的好了，不会有人来打搅你的，即使是睡了一天，堂倌也是不管的。

第四种，是家庭茶馆，这是新兴的一种，除了春熙路益智茶楼外，还不多见。它的布置方面，完全与别家两样。在一座楼上，隔成了许多间小屋子，每间屋子，可容五六人，装饰颇为简单，然而又带艺术性。初看起来，似乎有点不经济，但是细细地打算一下，却又不见得不经济了。该茶馆的规定，每四人以下，可以占一间屋子，泡一壶茶。茶资为两角。然而，若是人数在四人以上，那就非另泡一壶不可了。在里面，随便你谈国家大事，妇女间的烦语，唱京调、唱川腔……都没有人来干涉你，像你自己的家庭里一样。所以，一般拆烂污的假阔少爷们，每每挟着些娼妓，或者不耐空床的姨太太，到这里来调笑逗欢，因为这里花钱很便宜，没有旅馆那样昂贵，所以他们乐于前来。不过，假使有几朋友商议什么事情，而又没有钱来在哪家饭店招待的时候，这里虽然是像卖笑的市场，但仍不失为一个好地方呵！

　　成都的茶馆情形，大约是这样，但以后有变迁，那当又作别论。朋友！你若是有机会能到成都的话，我劝你可以进一进茶馆，领略一点个中的风味。

　　　　　　（原载《西北风》一九三六年第十一期，原题《成都的茶馆》）

向　尚：
成都水准线下的妇女职业

讲述人生平不详。

白冰：

前在成都写好而带到重庆付邮的一封信，想已收到了。成都水准线下的妇女职业，我曾作过一度调查，现在抄给你，供你参考。

成都水准线下的妇女职业，大体说来，可分两种：一种是受雇的，一种是自由的。前者又分两小类，一类是奶妈，一类是娘姨。奶妈和娘姨虽都是中产阶级以上的人家所雇的，但生活却不大相同：奶妈只专为太太喂少爷，而娘姨却是要煮饭洗衣，做些粗笨工作，早起晚睡，苦痛比奶妈苦烦十倍；工钱也有很大差别，奶妈每月有三元至五六元的工钱，娘姨每月至多不过一元工钱。此类女工，成都至少有三千人。奶妈大多是中年以下的妇女充当，温和美丽几乎是她获得工作的先具条件。娘姨大多是比较年老的，忠厚老实，绝对服从，是她获得工作的不二法门。她们大都来自乡村，初到成都，都须住到人贩家中，由人贩介绍，或到人市自荐，如果得了工作，最初一月工钱，人贩要抽去十分之二。成都人市在南门瘟祖庙，每早到午，都有两三百人集合在那里，候人去雇，生得端正的，雇主容易看得上，否则就要看运气了。此外，还有一类女裁缝，也是受雇的，此辈妇女，大多在成都有家，白天受雇主雇到家里去工作，晚餐后，仍回到自己家里做活计。每天工钱，两角至三角不等。但最初习艺者，须将所得工钱二分之一给与教授的人。无师徒的名义。在成都约计百多人。后者为自由性质，或做小生意摆摊子，卖零吃，或为人补缀衣物，浆洗衣裳。其中尤以补衣者最艰苦，每天提一竹筐，带着零碎布片及针线什物，东奔西走，手脚不停，虽凄风苦雨下，也要咬紧牙关坐在街头路侧为人补衣服。有孩子的，多把孩子带在身边，一面做工，一面看孩子，孩子哭了，还得把奶头亮出来放到孩子嘴里去，旁边人看到打哈哈，而她的苦况却不知如何难受！每天收入，平均不过两千文，还不满一角钱。洗衣的妇女，成都约有千余人，每件衣裳，由两百文起到八百文止，每月工作多时，可得两三块钱。此外还有最可怜的一般妇女，平时没有工作做，逢到大阔老家出了红白喜事，就都奔去为他打旗伞，扛礼盒。有些竟左手抱婴儿，右手打旗伞，有些则是十岁未满的女孩，或是伛偻衰颓的老妪，赤脚单衣，令人心酸！每次代价，至多不过两千文。

　　知识阶级的妇女，在成都最大的出路是小学校，其次是行政机关或商业机关。但近来都不大走得通了。一则四川省政府改组，裁汰的人员不知有多少，人浮于事，男子的门罗主义愈加来得凶，女子的出路愈狭隘；二则四川女子社交地位很薄弱，不比在上海可以自由，可以随便。最后一条路，就只好结婚当姨太太……不说了，实在不忍说下去了！

　　二十五年开始的时候，我预祝你更有绝大的成功，但须记着我们还有一万万九千多万被压迫的女同胞在亟即待你大力援救！恭贺你一帆顺风过新年！

尚　十二月二十九日　重庆

（原载《女子周刊》一九三六年四卷三期，原题《成都的妇女职业》）

阿 玉：
成都去年一年内是在突飞猛跃地"繁荣"起来

讲述人生平不详。

成都去年一年内是在突飞猛跃地"繁荣"起来。旅馆、浴室、理发店、照相馆、咖啡店、无线电收音机材料店等等，都急遽增加，不只数目上发达，它们在设备和装饰上的华美富丽亦是一个超过一个，有的已经可以和上海的相比拟。

成都是变化了！福特、通用、雪佛兰……各样汽车经理处出现了，甚至柴油汽车、木炭汽车，都驰驱在成都的街上，推广它们新的销场，电影院增加了一家，设备打破了成都的纪录，可追踪到上海的金城。戏院亦增加了。新开幕的三益公是一个新式娱乐组合的场所，包括有川戏、理发所、浴室、茶馆几样。有的人在计划着建筑先施、永安式的百货公司，更有人计划着开跳舞场。

若干个"开发四川"的实业公司成立了。洋货绸缎商人利用飞机运输杭州、上海最时髦的衣料、绸缎和消耗的舶来品。颜色、花样、种类,不管是什么,但望能追到上海的尾巴,运到一切上海所流行的东西,供应市面繁荣后新的需要。

霓虹灯去年还只是一家小吕宋洗帽店有个尺大的"帽"字,今年便不得了,到处都增加了霓虹灯,最大的把门面围起来,暗淡的马路辉耀着红红绿绿的光线,在每个光圈的底下都笼罩着一堆歆羡欲赏的人群;没有装霓虹灯的商店拼命地增加自己门上的电灯,使自己门面上的亮光照暗了邻居的门面。无线电收音机成了每家商店所必备的宣传器,大路、月儿弯弯和弦乐队的大合奏,流荡在每条大街之上,种种尖锐的、有刺激性的歌声满足了在街上游来游去的群众。

满街奔跑的汽车亦大大地增加了,Ford V8、Buick 等,都是新的流线型,点缀这新都市的"繁荣"。因为汽车增加,以前懒惰而又呆笨的警察亦被环境训练得灵敏得多。现在大多数的警察已经知道用新的姿态指挥,驱逐洋车和行人。

以前的电话是商营,腐败到极点,一次电话要摇二三十分钟才有人来接线。叫通又得十几分钟,所以如果是相隔两三条街,同时派一个人去传信的话,那么人会到在电话之先。现在就不然了。交通部由平津沪汉各地调来电话装设的工人,在成都装架了几百架新的磁石式电话,接线迅速,声音亦清晰得多了。

这"堪察加"的省会是开始被资本主义的圣水施行洗礼了,看那最近一年来在复兴民族、开发四川的大纛之下一个个的银行家、实业家、名士、教授,中国人、英国人、美国人……都踊跃地由水、陆、空到四川来考察，到成都来观光，计划着怎样地为这天府之国开发宝藏。可惜四川经济的恐慌，农村破产，灾荒和散匪布满了全川。事实上这资本主义的繁荣，不过满足少数人奢侈的物质享受。前几天有一位得意忘形的先生，快活地在报上叫起来："成都是东方的小巴黎！"成都真能变成东方的小巴黎么？吾们等着瞧！

从另一面看，如果是新到成都的朋友，当你走完几条繁华喧闹的街道之后，请到四川大学（皇城）的周围走一圈吧！你将由雪亮的光明之中走进黑暗的贫苦地方。晚上你所看见的不是红红绿绿的霓虹灯，而是黄豆大的、菜油灯的火焰，在这区域中的人，亦可以说全城十分之七八的人口，还是使用着这几世纪前的光明，围绕着皇城住的都是贫苦的人家。他们的房子不但腐烂破旧，而且房基低到路基之下，站在马路之上便可以手触到他们的屋檐，妇人、小孩，老年的、幼年的，像畜牲一样混杂在破乱的垃圾、泥水、黑暗的洞窟中生活着，在皇城后门的××街有一个荐头店是成都女佣待雇的地方，几百个由乡村饥饿线上逃到这"繁荣省会来的"的妇女，一堆一群地站在路边上，等待着不知姓名的主人来把她们捡了去。她们的工资每月不过一元到一元五角，亦就是一天的工资三分钱到五分钱！自然其他的区域亦散布着这种饥饿彷徨的群众。

有许多僻小的街道可以看到手工业阶段残留的缩影，像纽扣、牙刷等等，各种的骨器、皮子、毛巾、缎子等等种类的东西，都还停留在家庭手工业的状态之下，纽扣是一粒粒用手工做出来，手帕缎子亦是用旧式的木机织造的。我们到处都可以看到这种家庭工业，在一个家庭里有师父、徒弟、师母，甚至师祖母。在南门里附近的×街上，你还可以看到老眼昏花的老婆婆还坐在路旁摇着纺车，以及一家家织缎子的人家排列着。

成都是在变化着呢！有爱国心的银行家和实业家慈善地计划着把无路可走的资金投到四川一切的工商业上来了，不过成都到底变化到什么地步，我们不敢说，只有等着瞧。

编者前年虽游历西蜀，当时视察所及，深感川省经济建设，关系重要，并觉关于促进民生之经济建设，尤为川省所必需。今读此文，一方面深幸近年来成都物质建设之进步，同时复觉关于增进民生之建设，亦殊未可忽视，四川不乏明达之士，今后如能注意民生，提高平民之生活水准，不仅编者所馨香祷祝，亦四川民众无疆之福。编者附志。

（原载《申报周刊》一九三七年二卷三期，原题《变化中的成都》）

周 文：
沙漠啊！沙漠啊！这就是我们抗战的后方！

周文（1907—1952），原名何稻玉，笔名何谷天、谷天、周文等。四川荥经人。曾将苏联著名小说《毁灭》《铁流》改编成通俗本，得到鲁迅的赞许。

××：
……

当我在长途汽车上的时候，曾经遇见一个鼻尖已经通红，穿一套学生装的青年，脸色是灰白的，额头许多皱纹，而背还有些驼，他一知道我是刚来成都的，就抽了一支香烟给我，道：

"你要到成都么？我劝你多预备点这个和大曲酒。"

我诧异地望着他：

"为什么？"

"哼，为什么？"他说，"你到成都就知道了，你如果整天没有这两样东西来麻醉你自己，那只有准备进疯人院！你会打牌么？要是还能够躺在床上抽得来两口，那就更好，横顺迷迷惑惑地过日子，等着日本飞机来下蛋就是了！"他越说越激昂起来，鼻尖涨得更红。

"你看，我到四川来几年，已经练就了这样的本领，要不然，我早已拿刀子割破我的喉管了！"

他拿出第二支香烟接在第一支的烟屁股上，又使劲地抽起来。坐在他旁边的一个满脸皱褶的乡下人，也看得发笑了，好像很赞成他这意见似的，也把自己的一支竹根烟袋抽了出来。可是他不当心撞着了前面一个军官的背，那军官立刻掉过头来，他就吓得赶快收了笑，顺下了眼睛，把烟袋也垂了下去。那青年碰碰我的手拐子，暗示我看看，而他却放肆地哈哈大笑了，引得全车十几个人都掉过头来看他，但他仍然满不在乎地狂抽其卷烟。我注意他的脸色，就见他把香烟离开嘴时，嘴角在不断地牵动，我疑心他的神经大概是有病了似的，车子一到站，我就和他分手了。

刚从车站出来，使我立刻发生了一种新奇的感觉，只见满街的商店几乎全插着黄纸三角旗，有的还附有两条蓝色带子，在随风飘动，那些旗上都写着"九皇胜会"，而街上的人们简直表现出升平气象：有的把两手背在背上，慢慢地踏出他的步子；有的则抱起两手站在商店门前的阶沿上，出神地看着街心来往的行人和车子。我就在这样的升平气象中，在那连绵不断的黄旗招展中，被那左歪右倒有时还把人抛下的黄包车一直拉到城门口。

白的东西在我头上一晃，这才使我注意到在这街房的两檐之间原来横挂着一条标语布，上面写着"有钱的出钱，有力的出力"，城墙上也有几个非常醒目的白色大字"抗战到底"。一进城，马路宽了许多，也较平一些，车子已不再那么左歪右倒得厉害了。横在檐口间的标语布自然不少,但黄三角旗更是满目都是,而街上走的人和商店的人也都是那么闲静的。

车子转入一条横街,一大股酒气突然向我鼻尖扑来,我吃惊地一看,原来是四五个满脸酡红的人正从我车旁嘻嘻哈哈擦了过去,我还听见他们中谁的喉管那儿发出"嗝儿"的声音。接着又是一群人迎面来了,其中有一个在拍着另一个的肩膀说:"我敢打赌,你那三番一定是他扣你那个红中扣死的!"

阴沉的天上忽然发出嗡嗡的声音,"呵呵,飞机飞机!"好几个孩子拍手叫了。"啊啊,飞机飞机!"好几个大人也叫了。都跑到街心来,手搭凉棚似的搁在额上望着天空。这一下,好几辆黄包车可拥塞起来了。有的车夫也仰起头,而有的车夫却在叫:"有啥子看场嘛?飞机都没有看过么?"叫了一会,好容易才通出一条路来走过去。拉着我的车夫一面跑一面气喘地说:

"人家说,日本飞机就要来丢炸弹来了!将才那个要是日本飞机,可咋个了!"

"哼,咋个了?"和他并跑着的另一个车夫说,"还不是我们这些人遭殃!听说人家有钱的拿几千几千地把地窖子都早修好等着了!"

"喂,人家说,要我们大家齐心去打日本呢!"

"你咋个不去?"

"我哪个去法子?我婆娘儿女要吃呀!只要他们包我的婆娘儿女不饿饭,骂那个舅子才不干!横顺在这儿也是保不倒这条瞎子算！"忽然从一家楼上洋溢出胡琴声和男人唱小旦的窄音,就把他两个的对话打断了。

到了旅馆,付了车钱——车钱真是便宜得很,算起来不到六分——之后,我就出去走走,想到春熙路去看看,因为我从前听得人说,春熙路已经好得多了。穿过了许多小的马路,几乎每条马路旁的人行道上总都坐着或躺着两三个瘦得快死的人。有的在喊着:"善人!善人!"一看就知道他们还不惯于讨口的。有的就简直不作声,躺着,嘴唇发着抖,用了乞怜的眼光投射每一个从他身边走过的人。人们也好像习惯了,只是呆板地目不斜视地走过去。有一个穿得很破的老人伸出手追着一个戴博士帽的人讨钱,那人发脾气了,把手一抛道:"真是,这们多的叫花的!"

"老爷!我们并不是游手好闲的!天干嘛。庄稼都做不成了。有啥法儿?"

但那人并不回顾,摇摇摆摆走去了。

在一个街口,一家非常堂皇的酒馆对面围着一堆人,我走拢去。就看见阶沿边坐着一个乡下女人。脸瘦得非常难看,两颧突出,两眼凹陷,一手支住下巴,悲伤地望着她脚边的一个躺在地上的孩子。那孩子的手脚干瘦得像四根香签棍逗拢的,脸上只包着一层黄蜡色的皮,额头上的一块全变成了青紫色,两颗大大的眼珠已经定了,只有鼻翼的微微扇动,表示出他还是活物。围着看的人们,并没有什么表示,老张开着他们的嘴巴。只有对面酒楼在不断送来一阵快活的划拳声:"全家福禄!""五金魁首!""六位高升!"

转了几个弯,就到了春熙路,不错——从这成都的范围内说来——这真是一个繁华的世界,商店也的确比从前辉煌了许多,有的霓虹灯也安起了。只是马路没有我从前看见时的光亮,已经有了些破碎的浅坑,而且似乎马路并不如我从前看见时的宽了。但摩登的红男绿女却增加了不少,一大群一大群地靠着两旁的人行道漫游似的走着,有的从这家绸缎店到那家洋货店穿来穿去。也有许多学生,都已是军帽军服、腰皮带、裹腿,但不知怎么,仿佛没有一个如我在外省所看见的挺胸走路的姿势,而是很多驼着背的,因了军服更加明显。忽然有两三个头戴红珊瑚结子瓜皮帽的人在我旁边出现,是有胡子的,背驼得更厉害,老弱之状可掬。这些就是前辈先生,我把那些学生和他们一比较,不免打了一个寒噤。其时,有一个戴瓜皮帽的正在向他们对面走来的一个身穿缎马褂、手拿叶子烟竿的人拱手招呼:

"给你道喜!听说你这两年在外边做了不少的好事,很找了一大笔钱回来了吧?"

"哪里哪里!"那人也拱起手得意地回答。

"哈哈!"

"哈哈!"两方的嘴里都冲出来一股鸦片烟的气味。

茶楼上靠街边的栏杆上密密地现出一排头颅在望街心,这样的茶馆几乎每条街都有,我从前也曾到过,记得常常都是客满,有许多人从早上去泡一盏茶可以一直坐到天黑。此刻我还想去看看,上楼梯的时候许多人还在挨挨挤挤地拥上去,到了楼口,密密麻麻的人头立即扑进我的眼帘，好像筐子里装满的苹果似的，而谈话的声音形成一道浩浩荡荡的河流，水烟、香烟、叶子烟的烟子在人们的头上搅成一团浓雾。我的头发昏了，赶快就转身，恰在这时我看见靠栏杆边的有人在喊："你看你看，那女人多么祸！"许多头就都跟着伸出去了。我到了街上时，不知是谁家的商店里的无线电正在播出柔媚的歌声：

"桃花江是美人窝……"

咚咚咚、咚咚咚地响着来了。是一班奏着喇叭敲着鼓的乐队，后面有几个人的肩上扛着几块"肃静""回避"似的牌子，仔细一看，原来是影戏院的广告。上写道：谐趣言情巨片，"桃花村"。我决定回旅馆去了。但无意间经过一家川戏园的门口，只听见里面咚咚喤喤，锣鼓喧天。门口则挂着一块"客满"的牌子。有几个人还站在旁边，仰头张嘴地在细看壁上贴的大红纸戏报。一阵风吹来，街心的一条白布的抗敌标语，就在那些漠然的来来往往的人们头上冷冷清清飘动。

第二天，我到街上，情形忽然不同了，原来都挂了国旗。这使我记起：哦，原来今天是我们中华民族在二十六年前赶走异族的统治者的国庆纪念日——双十节。虽然国旗的数量并不比"九皇胜会"黄旗多，但都给细微的风飘着呢。到了一个十字口，只见周围拥塞着一大群人，在发出嗬嗬声。我近了一看，只见那儿的交通警亭下站着六七个小女学生，手上拿着募捐队旗帜，正在拦住一辆雪亮的汽车募捐。其时，汽车里伸出一个头来，眉头打结地喝道："走！"

嘟的一声汽车就开过去了。周围的人们便又哄出一阵笑声。那几个小女学生全都涨红了脸。但人们并不散去，还在向远处探头探脑，有几个却在快活地喊道："唉！又来了！又来了！"我再走一个街口，也是拥着一大堆人，而募捐的则是六七个高中学生。经过一家茶馆门口的时候，只见有一队学生的宣传队拿了旗帜挤在坐满了的茶客中心，一个站在凳上挥着手涨红脸地演讲，茶客们自然都举着头把他望着。

"成都的空气，竟也这么一搅就搅动了！"我一面走一面稍稍兴奋地想。"学生究竟是民族的最敏感的火花！……"这么想了之后，就同了一位文化界的熟人一同到文化界救亡协会会场去，一个大厅里坐得满满的，大概有一千多人，主席台上则坐了一排。主席站起来喊开会了，行礼如仪之后，就讨论简章，全场起了盛大的争论，只听见人们的拍掌声、赞成声或反对声。最后终于得出一串结论。选举了之后，我走出会场时又想："是的，此地的救亡会总算成立起来了！今后的成都也许从此不同了？"

可是双十节一过了两天，街上的情形又完全恢复了我第一天所看见的原样。咚咚咚、咚咚咚……戏院的广告队在街上过去了，戏院门口照例挂出"客满"的牌子，红男绿女们仍然在马路上商店前闲步，无线电依旧播出柔媚的歌声："桃花江是美人窝……"

学生们呢，听说先生们也在叫他们救国不忘读书。他们都很好，纯净得很，正在埋头用功。我住的地方，有一位很喜欢和我谈天的朋友，他正是中学生。这两天正忙得不得了，晚上开了电灯就把书本摆在面前赶起功课来，准备月考。不过在未开电灯之前，他就和我讲故事。他说，他们的同学真是好玩得很，读古文是用拖长的声音哼，把头前后左右地摇摆。读英文读算术也拖长声音哼，也把头前后左右地摇摆。"夫天地者唉……万物之逆旅噢……"或者是"A 加 B 唉……等于了呵……"头这么摇起来，更觉得铿锵抑扬之至。

至于此地的救国运动，我知道的实在太少，恕我不谈吧。不过我对于在这成都的人们，一般对约会的时间观念，确是大可佩服。记得有一次我赴某一个会，那会定的时间是下午两点钟，听说大概将有百把人到场。一点半钟我就从住的地方出发，到了那儿的门口，一看钟，针尖已指着一点三刻了，我想：糟糕，恐怕我是到得最迟的吧？匆匆忙忙走进去，心里有些惴惴然，生怕迎面有这么一个人在众人之前向我招呼道："哈，你怎么才来呀？"那我只好用脸红来回报他。可是一看，并没有一个什么迎面的人，那高大的房子里根本连一点风也没有，板壁和玻璃窗闲静地立在阳光里，檐口张挂的蜘蛛网在丝丝发光呢。我只好站在草场上等着，咚咚的大钟声从陕西街传了过来，才看见一个工友用扁担挑了几个凳子慢慢向着那会场的门口走去，开了锁，呼呼噗噗地发出一阵安凳子声音，之后，又看见他拿起扁担出来去挑第二批的去了。我在草场上慢慢地散步，不知踱了多少圈，这才看见稀稀疏疏来人了。有一个说：

"三点钟了，咋个才来这十几个人？"

"啷个搞起咧？"

另一个也接着说："恐怕不会再有人来了吧？"

我问他:"这所定的两点钟,是指从家里出的时间么?"

他哈哈笑了,认真看了我一眼,道:

"你大概不明了此地的规矩吧,其实这是常事。连这里住的外国人都懂得这规矩的。比如定两点钟,通常大概是在这时间里才在屋头想起:'唔,今天有会呢。'因为今天是'这样的'会,所以来的人已不算太少,而且也并不太迟,就算是好的了!"

"算是好的了!"连这空旷的草场都发出赞成他的回声。

朋友,这就是我到这里几天来所看见的成都!十几年前,盲诗人爱罗先珂带了他的六弦琴到了北平(那时叫作北京,据说日本人占了之后,现在又要叫它做北京了!)不多久,就诉苦道:"寂寞呀!寂寞呀!在沙漠上似的寂寞呀!"自然,我既不是诗人,也没有六弦琴,然而他这话却在这时深深打击着我的心!沙漠啊!沙漠啊!这就是我们抗战的后方!

但是,朋友,请你放心,我自然不想准备大曲酒,但也不打算进疯人院的。我自己很知道我们现在应该怎样振作,给你热烈的握手。

(原载《大时代》一九三七年第一期,原题《成都的印象》)

佚　名：
现在其有戏院七家，又新戏院失慎焚毁

讲述人生平不详。

（成都通信）我是一个远居内地的影迷，对于电影及电影的书报，如有新的到来，那当然不能轻易把它放过，尤以《青青电影》，内容丰富、理论正确、笔调幽默，看来亦非常轻松有味……所以这本刊物，便成为我最爱好而最亲切的至宝了。

成都的电影刊物，亦相当的多，《电影世界》《新华画报》等八九种刊物，而这些完全是由上海运来，时间上总是来迟，这是一件最大的恨事，甚至自去年十月，直到现在，这类刊物，连来也不来了，这真是内地电影迷眼福太薄，也是内地影迷一个绝大的失望了吧！

大时代当前，成都人口激增，同时敌机时常来袭，虽政府三令五申疏散，结果收效仍然极微，去年，因空袭得太厉害，政府迫令疏散人口，此间各娱乐场，完全奉令停止营业，当时停闭的有蜀一、新明、中央、智育、新青年会、大光明、裕明、昌宣等八家，年底，因空袭较少，各娱乐场呈请政府复业照准，当时复业影院只有蜀一、新明、智育、中央、又新、青年会、昌宣等七家，一直到现在，致大光明、裕明两院，因拆股瓦解。

蜀一在成都，为一等影院，容客千余，设备不甚完善，尤以冷热气装置毫无，一到夏天，闷得要命，而冬天却冷得要命，影片不论中西，都属第一轮，声光亦不错，不过最近因电气公司负荷电力过重，仍然接转用公司电力，时常有停电断片，而放映在银幕上，亦常模糊不明，映片原以西片居多，而现在因国片卖座超过西片，故完全改映国产古装片。

新明在设备容量、声光都还不错，不过放映稍差，时有断片不接，所映以西片居多。

智育设备古老，声光都差，在映电影时，常又假作剧场公演话剧，映片以苏联片为主，时有国片放映。

中央容量不多，声光本不甚差，不过因场内太短，插送声响，总是哄哄然，观众多不起快感，映西片较多。

又新原来是一座川剧场，后由蜀一股东收买，与蜀一同映一片，不过时间上稍差，前日因电线走火，全部被焚。

青年会为教会主办，映片多属五六年前的国产片。

昌宣为成都最下级的戏院，所映各片，多是十年前的旧国产默片，另外几家如复兴、明新、华西都为适应疏散关系，设于郊外，而设备、声光都差，映片多属旧片。

以上所报告,大约就是成都电影情况。

（原载《青青电影日报》一九四一年第五十三期,

原题《成都的电影院》）

曾正权：
住家则应该在成都

讲述人生平不详。

有人说:"图谋事业上的竞争应该到重庆，而待大功告成，住家则应该在成都。"

蜿蜒的岷江，奔驰在成都平原上。给成都带来了富庶，也给成都带来了安康。在秀美的环境中过着宁静舒适的日子，除了成都，在整个四川是找不出第二个地方有此清福的。

有一位飞行员说，当他驾飞机驰过成都市空时，俯首一看，地面好像是一个大花园，里面隐约有一些楼台亭阁点缀其间一样，哪里像一个拥有七十万人口的都市。

生活在成都就像生活在一个美丽的花园里一样：有缠绵的诗意，有悠远的怀古深意。

衣

成都一般人的服饰历来是很朴素的：差不多男的都是身着长衫，女的一律旗袍，其质料亦以阴丹士林、灰布和海苍蓝等布料为限。然这并不是说成都人是性好守旧的，主要的原因是四川以往与省外交通的不便，无法与沿海各省流行的服装较量。

自抗战军兴，省外人士纷纷入川，给予成都一种很大的刺激。成都人的本性又多少有点喜新厌旧，于是，竞尚时髦的风气便极盛一时。男的以"西其服""革其履""亮其头"为一般盛行的口头禅。女的以"烫发""红唇""高跟鞋"为她们日常注意的中心、羡慕的鹄的。有一些人的打扮简直是跟着电影明星在走。

尤以华西坝的一度蓦地成为全国文化名坝，那些天之骄子的大学生们，他（她）们的装束更对成都仕女起了很大的影响。——在抗战进入第五个年头，国事正告紧急的时候，成都曾有过以摩登时装作号召的"姿势比赛会"。由此可想见一切了。

成都被一般人喻为战时花都，比为天堂生活。其理由就在这些地方。

成都的锦缎在西南是闻名的特产（成都因之被称作"锦城"，环绕城垣的河叫"濯锦江"），其光泽稍次于江浙所产的，而其坚韧的程度则要胜过。不过，成都市民穿绸缎的并不多。

在成都，一般中下层人民，至今还习惯地缠上一块白头巾。其来由，据说是三国时，诸葛亮死后，老百姓为感念他治蜀的丰功伟绩,一致为他举丧,而相沿至今,遂成习惯,牢不可破。自三国迄今,已两千多年,而此种风习始终不改,由此可见武侯得人心之深了。

食

成都有三多:茶馆多、厕所多与小食店多。茶馆多表示成都人的悠闲,大家好坐在茶馆聊天。厕所多表示成都仍是一个农业的都市,大家把粪便都珍贵地收集着,以便运去肥田。而小食店多则表示成都人好零食。

市内的大街据估计有四十八条、小巷七十二条。而在这一百多条街巷中,平均每三条街有两家茶馆、两个厕所和十家小食店。

成都人在小食上所费的功夫相当深。成都的饮食论富丽堂皇不及广东大菜,而小吃一端则有过之而无不及。成都的饮食为四川之冠,若有人欲欣赏川味只有到成都。

小吃的种类包括甚广,举凡:鸡汤炒蛋、鸡油汤圆、烧卖、金钩、包子、粉蒸牛肉、香油米花糖、花生米、葫豆、素面、艾饽饽、水饺、豆花饭、豆腐、葫豆瓣、猪油发糕等等,均为大家竭尽心智,以事改良的对象。而以这类小食品味美见称人口的食店竟有八十余家之多。

在成都人的日常生活里,有时或者是为了请客,到赖汤圆铺内去吃一碗汤圆,吴抄手店去尝一尝抄手的味道,买一块大可楼的面包,或盐道街的花生糖,对他们都是一桩很能欣赏、很感兴趣的事。

住

　　成都的街道有点像北平：建筑得整整齐齐，街与街间成正方形排列着。

　　整个城区分为三部：（一）皇城——明蜀王椿时所建。位于城中央。可惜年久失修，而今"宫殿"已成乞丐们栖身之地，剩余的空地也被附近人家种上农作物了。（二）少城——位于城的西南部，为一般有钱人家的公馆区。（三）其他——为商业区。

　　差不多的街道两旁，挨户都种有杨柳、杨槐、泡桐等树木，使得市容美化不少。尤其少城一带，庭院林立，粉壁与漆门相掩映，虽蓬头垢首之家，亦有修长两三株树。那更是幽美极了。

　　全市共有五个公园供市民游憩：中正（少城）、中山、北城、支矶石及郊外公园。里面景物皆有可观。而少城一带私人住宅区，几乎可以说家家都有各自的花园。——那种鸟语花香的世界中，清闲恬静的生活，实非局外人所能领略的。

　　至于普通人家的住屋，多为向房东租得，然而那种一早起来就照例要上茶馆，一坐就是半天，走起路来都是唯恐太快的样子，正充分表示出这个地方的悠闲安宁。

行

　　成都是一个大平原上的都市，又兼它的街道系集中在一块方形内，代步的交通工具便受了影响，而停留在一个通渡的时期。

对外已有公路及飞机通达全国各埠，而市内交通仍主要靠人力车来维持。电车自然还没有，公共汽车也只昙花一现便没有了。

最近，市内出现了马车。马车的车费较廉。现刻马车的数量正一天天在增加，行驶的路线也一天天在增辟。说不定成都将会成为一个马车代步的世界呢。

（原载《中央周刊》一九四六年第五期，原题《幽静的成都生活》）

刘楚冰：
有人把他称作"小巴黎"，也有人称他作"小北平"

讲述人生平不详。

成都，他是被誉为"民族复兴根据地"的四川省会所在，而且他也是世人共称的"天府之国"。说繁荣，他比不上国内任何的大都市；但他具有一种特别的风味，使人觉得他有着几分神秘。有人把他称作"小巴黎"，这是不错的；奢华、糜烂、享受……的确比得上巴黎。（自然，这里所谈的巴黎，是二次世界大战以前的巴黎。）也有人称他作"小北平"，这也是不错的；成都是一座古城，现在虽然进步多了，但仍多少保留着几分"古香古色"的格调；尤其当我们步过同仁路时，那儿还留居着若干满族人，真使人不胜今昔之感了。北平多巷子，成都又何尝不是？一条一条的巷子，都是深而且长，巷子内清静得可怕；我们住在家里，间或听到一两声从巷内传来的小贩卖食物的声音，真使我们疑惑是住在北平了。

现在，让我来分段写一点成都的景象，我相信读者一定乐于知道一些他的情形吧？

春熙路

在这偌大的成都市，能点缀一点繁华的，也只有这一条春熙路，而春熙路又分成东南西北四段，东西段并不热闹，余下的只有南北两段而已，就只有这两段路，点缀了成都市繁华的外衣，至于内容如何，那就无人注意了。

这儿，有着一些大的百货商店，无论什么华贵的东西都买得到；就是在上海，什么在美国都买不到的东西，都可以在这儿买到。因此，很多高贵的男士和女士，都向这里集中。尤其是晚上，更是拥挤不堪。在什么日光灯，五颜六色的霓虹灯炫耀之下，再加上扩音器里的"花儿为什么开？鸟儿为什么唱？"之类的音乐的逗弄，真使人感到无限的甜蜜，小姐们的脸儿因过度的愉快而绯红了。老头子们的脸上也找回了那已经消逝了的青春的遗痕。来往的人们都互相投以一丝会心的微笑。

小姐太太们是在这儿来展示她们的脸蛋、曲线、大腿。啊，还有，还有她们的秋波和媚眼，男士们则是到这儿来找寻他们"理想中的爱人"。情侣们依偎着到这儿来散步。还有，包车阶级坐着包车来显示他们的富有，阔人们更会坐着小轿车到这儿来兜风呢！

至于叫花子、小贩，则属禁止之列，因为那是妨害观瞻的。恋人们虽未明令禁止，但他们自己却不敢到春熙路来；因此这儿就全部是"高贵人士"了。

人 市

　　光是"人市"这两个字，听来就够使人悲伤；"人"竟会像其他的物品一样地设起"市"来作买卖吗？如果真有这回事，那的确值得悲哀。不过，这儿的"人市"，只是介绍家庭佣工之处。

　　成都的"人市"很多，最出名而繁华的，当推东门、后子门、南门瘟猪庙三处；其中尤以后子门为最，可谓为成都"人市"的权威所在。

　　在几间霉湿、污秽、摇摇欲坠的矮屋内，坐满了形形色色的女佣人：她们都静静地坐着，静静地待着雇主的挑选，憔悴的脸上，显示出她们多日来为生活所折磨的痛苦。

　　她们大都来自成都附近的县份或更远的地方，而大多数都是丈夫不能养活她们，迫使她们出来自己养活自己。从这儿，我们可以看出，农村经济的的确确已宣告破产了。

　　她们要求的待遇很低，除了吃饭外，只要主人家能给她们三四万元作零用便行了。三四万元？相当于千把字的稿费！有的带着一个孩子，则宁肯一分钱都不要。可是，雇主们在工资上还斤斤计较；有的只给一两万元，而对于有孩子的人，则连瞧也不瞧一眼。

　　在"人市"上，人的价格是被贬低了。

华西坝

"华西坝是人间天堂",这是战时的一句流行话。就是到现在,华西坝仍是往昔面目,永远是"人间天堂"。

抗战时期,这儿是后方大学区之一,它拥有九个大学,胜利后,各大学纷纷迁回;今之华西坝已不如往日的盛况,真令人有几分沧桑之感了。

这儿的景象多少富有几分罗曼蒂克的味道,而且更显得十分洋化;这儿的钟楼、洋房、草坪……总是那样富有吸引力。春天,柔软的阳光晒在草地上,一对一对的情侣相互拥抱着、依偎着,静静地浸在爱河里,真叫人要喊上一声:"好美丽的华西坝啊!"

不是身临其境,是无法体味着其中的味儿来的。总之,我得告诉你,成都挺美丽的地方,那便是华西坝。

公 园

公园,说起来是任何地方都有,没有什么值得一谈的价值。但是,成都的公园却有着"与众不同"的地方,显得"颇不平凡"。

公园一共有四个,一个是少城公园,一个是中城公园,一个是北城公园,还有一个叫作郊外第一公园。

少城公园又名中正公园,是成都四个公园中的第一个大公园,有体育场,有图书馆,有民众教育馆,还有荷花池;更有好几个茶铺。这个公园里除了夏天的傍晚,茶铺里是坐满了人外,平常简直清静得像私人的花园。因为它面积虽大,里面却是空无所有,自然就无人光顾。从前还有一个动物园,而今呢,动物死的死了,卖的卖了,动物园里却陈列着一些破铜烂铁。

第二个中城公园,也叫中山公园,那就更糟了;白天,茶铺里挤满了中下阶层的人士。

北城公园简直使人不敢相信它是公园;一个小小的空坝,里面有一间小茶馆,这也叫公园?

郊外第一公园倒还可以使人留恋,它靠在锦江畔,而且又是成都名胜之一的望江楼所在,"望江楼上望江流",的确另有一番风味呢!

(原载《大地》一九四七年第九十期,原题《成都缩影》)

尹弁：
过年，物价继续高高涨，和平慢慢谈

讲述人生平不详。

这年头，世道既不安定，生活又很困难，一般小百姓和公教人员哪里还有兴致，哪里还有力量来"过年"。但是尽管社会上有不能过年的人，过年的积习至今还无法扫除，在若干年前，政府曾用皇皇文告废止旧历，不准过年。然而禁令自禁令，过年自过年。大都市的民众在"国历"一月一日虽然要虚应故事，在大门外挂起青天白日的国旗，在大门上贴一副变相标语的春联，而大门以内却若无其事，照常生活。一到"农历"的腊月，小康之家从二十三日送灶起便忙碌起来，一直到正月十五夜元宵以后，才在精疲力尽的情形下，结束了过年的变态生活。两两相形，冷暖顿见。记者十几年前曾在北平某宅门口看见一副怪有趣的春联：

"人有是非，公说公有理，婆说婆有理；

历分新旧，你过你的年，我过我的年。"

今年记者流寓成都，自身虽不"过年"，但耳闻目见中别人过年的形形色色却不一而足。例如郊外某一小型住宅门上的春联：

"冲天物价高高涨，

隔岁和平慢慢谈。"

这和北平所见的一副相较，可谓异曲同工、难分轩轾。

说到物价，真是一言难尽。成都的物价照例到了年底残尽的一个星期中，因为有一些商客要抛货求现，借以清偿债务，所以总是趋于下降。有时候在除夕的夜市上竟可以用极低的代价买到极合用的物品。从抗战初起一直到前年都是如此。一部分公教人员趁着这个机会添置一些必需品，真是受惠不浅。今年却不然了。黄金、美钞、百货，扶摇直上，打破纪录，甚至日常必需的食米也学会了步步高升的吉祥作风，从四万余元一市石涨到七万元一市石。"冲天物价高高涨"——真是一语中的。

为什么年底的物价会破例狂涨呢？有人说是受了"万元大钞"的影响。有人说是和谈未能成功的影响（春联的作者似乎如此看）。好在记者不是经济学专家，既不打算诌一篇"当前物价之分析"一类的论文，也并不关心物价为什么涨了，而只关心物价确实涨了，生活前途因此更加可虑。

似乎受"过年"影响的不只是小百姓。在残年时节四川省政府当中曾掀起了一个小小的波澜。据记者所闻，去年中央核准发给四川各中等学校一笔"复员费"（以亿计的数字）。各校负责人到了年关迫近的时候，催促政府照数发给。一切教育经费当然要由财政厅先拨付教育厅方能照发。据教育厅说，财政厅只拨了应发经费的一小部分。虽曾屡次催拨，许久没有结果。为了表明责任，只有辞职以谢。据财政厅说，经费大部分已经拨出。财政厅一向极尊重教育，对于一切教育经费的筹支自然尽最大的努力。据两厅以外有关方面说，双方的账目都是明白翔确的。其所以互有差异者，大约是由于结账的日期先后不同。

　　本地报纸对于财政厅曾有一些措辞含蓄的指摘。省参议会恰巧在开会。据说有一些参议员也准备提出质问，以明真相。然而这一个事件终于很平淡地结束了，经代省主席恳切挽留以后，教育厅长打消了辞意。财政厅补发了复员费。省参议会也不曾对财政厅长提出严厉的质问。只有一两家报纸提出一个疑问：财政厅过期补发经费的子金是怎样核算，怎样处分的？

　　据熟悉政情的人士解释，省参议会所以"刀下留人"并不是有爱于财政厅主管人，而是别有意在。现任的代理省主席虽久有内定真除之说，然而真除的明令毕竟尚未下来。在这个期间省政当然以安静为宜。这也许仅仅是一个"面子"问题。但是在我们中国面子问题不一定是不重要的问题。财教两厅间发生误会未尝不是一种波动。省参议会与财政厅过分为难也等于替代主席生麻烦。代省主席一向对参议员诸公颇为客气，参议员诸公自然不愿意麻烦代主席。假如在位者是另外一位主席，也许财政厅长会吃点小苦头。眼前不吃苦头不一定就可以长此相安。一旦真除命令发表了，省政府的人事可能有一些异动。例如秘书长可能辞职，改就省党部主任委员，或重庆市长，或执行律师事务。（据接近他的人传说，最后的一条路似乎可能性较大些，因为他对于前两条路不十分感觉兴味。）财政厅长也可能由一位吴先生继任。

为什么真除的命令迟迟未下呢？有人说其中原因之一是：现任代理主席是原任的川康绥靖主任。他虽然愿意接受省主席的新职务，但不愿意放弃绥靖主任的旧职务。中央却希望他专任一职。这是一个原因。此外另一原因：有一部分川省人士公开表示反对真除，反对的动机局外人当然难于探索，但反对的表示也许使得中央对真除令的发表更加审慎。

假使果然真除，四川省政的展望如何呢？这位代主席向以玲珑著称。对于中枢，他的态度甚为恭顺。一切的命令从不违抗，但也不一定彻底执行。"如果正式执掌川政，他不会比别人做得更坏，但也不会比别人做得更好。"这是一位老成都告诉记者的话。上面这些话是否果然正确，记者不是熟悉政情的人物，不能下一判断。也是姑妄听之，姑妄言之。读者不妨把它们当作"马路新闻"，也姑妄听之罢了。

在记者写稿时，这一个年总算过了。下一个年呢？假如物价继续高高涨，和平慢慢谈，纵然还可以公说公有理，恐怕有许多人不能够"我过我的年了"。

丁亥人日

（原载《世纪评论》一九四七年第六期，原题《过年》）

陈　纳：
刺刀和法律对于饥民是没有多大作用的

讲述人生平不详。

在抗战期间，成都四乡本有所谓"吃大户"一事，意即在物价高涨或荒年的时候，贫民可以经过乡镇公所或县政府的登记承认，分批赴当地较富人家去"吃"。但此种"吃"，限于熟食，不能携走，仅以"饱"为原则，而且只行于乡间，至于成都市内则从未见有此类事件。这次市内发生抢米风潮，一般成都人仍呼之为"吃大户"，不过"吃"的方式已有了软硬的不同，这大概是由于历史的发展所致吧！

很早以前的黄金潮，就使成都市场大形紊乱，而当其余波未减，物价继续上涨的时候，巨额本票与万元大钞又天外飞来，投入这本来就不稳定的局面中，于是物价更像一匹无缰的野马，直线上升了。这对于别人倒不打紧，而对于升米斗粮阶级可就不得了，望着"上白米"固然只有兴叹，而"冲销米"，又是但闻楼梯响，不见人下来，眼巴巴地望着米店老板的笑脸。杭州抢米的消息不断地传来，又弄得人们心里痒痒的难受。

五月间的头几天，市面显得非常紧张，米价从十三万跳过二十万元，各物跟随上扬。也许是为了奔走生活，街上的人特别比往常多，而且都显得匆匆忙忙的样子。

五日晨十点钟左右，复兴门（亦名新南门）外复兴米市场，一妇人买米一斗，为了价钱问题，与米店发生争执。贫民蜂拥，饿肚皮的人讲不来什么理性与法律，乘机抢米。有临时没有带盛具的，便将两只裤脚管缚紧，把米兜藏在内。秩序一时大乱，治安部队与保警大队前往镇压，纷扰中，三七六团排长彭海廷头部即被群众以卵石击伤，同时弹压枪亦被折断三枝；弹压部队仅负责镇变，未奉权宜处变命令，故亦无法应付。老南门外一带贫民闻风起而仿效，十二时四十分左右，老南门米市场及各米铺、田赋管理处之"聚点仓库"亦发生同类事件。南市米场闻风成惧，加紧闭门，而因群众结队成千，亦有数家米商蒙受抢风损害。午后一时左右，东门外牛市口又发生千人以上之集体行动。天祥寺之后勤部供应局的平粮仓库，本有监护营守卫，然而也有贫民六七百人前往包围，打算抢米；相持甚久，于互相推挤中，贫民推倒了门卫；二线守兵见势不佳，竟然开枪射击，当伤贫民数人，其中一人立即毙命，于是更引起群众之扰动，除继续包围仓库外，并施行报复。有监护营兵一名，行经响水沟何家院子时，即为贫民以木棍活活打死，抛尸公共厕所中，此为下午三时四十分左右的事件。

四时左右，市区春熙北路亨达利钟表行楼上突发火警，于是又有多数贫民成群结队闯入闹市，抢夺各大小饭馆的食物，各商店乃相率闭门，军警部队复赶到该处，视查起火原因，将该号经理李树德及当时在楼上之店员向天泽带往警局侦讯。黄伞巷一带有贫民九百余人实行抢米，警局九分局局长当场抓捕某工厂工人一名，认为其有鼓动抢米嫌疑，准备解往绥署讯办，然群众随即包围九分局，直至午后七时，尚无法将该工人解往。又华成碾米厂自下午一时起，即被群众包围，四时左右有部分贫民冲入厂内，旋即发现枪声，当场毙贫民一人，重伤者三人，弹压部队亦有多人受伤；至六时左右，群众整队冲入，该厂存米遂全部被抢一空。迄午后，所谓"吃大户"者，全城各处可随时发现，且有非贫民者掺杂其间，市面于是完全陷入混乱状态，冲突益多，渐有扩大范围，与"米"的本身不相关联的现象。

警备部为了防止这种局面之继续发展，采取了非常严厉的手段，当晚即实施全市戒严，并颁发戒严令两则，于是大幅布告贴满全城。这两条戒严令是：一、敢有聚众抢劫及有意纵火者，准由宪军警格杀勿论。二、敢有集会结社妨害治安造谣生事者，决严拿究办不贷。而且这种"格杀"也成为事实。当日新南门贫民抢米时，有新上海照相馆职员袁树德、宋玉书二人即拍摄此种镜头，当场被警备部稽查长捕获，解送绥署，未经任何审讯手续，而以"率众抢米并拍摄抢劫情形照片"罪，依"重庆行辕会秘字第四十三号西筱代电惩治盗匪条例第三条三款，刑法第五十七条四九两款，第三十七条一项所规定"处死。当然,这样一堆法令,民众并不知道到底是什么内容,恐怕连那两个受了"法律"制裁的"盗匪",自己也死得莫名其妙,只有任人"绑赴刑场""格杀勿论"了。接着,又有彭元安一名也以同样的名义——抢米犯,而被"执行枪决"了。

六日,省会续施戒严令,决定每晚十时至次晨六时为戒严时间(至十日已缩短一小时)。在戒严时间内,司令官可行使下列职权:一、停止集会结社或取缔新闻杂志、图书、告白、标语等之认为与军事有妨害者;二、拆阅邮信电报,必要时并得扣留或没收之;三、检查出入境内之船舶车辆及飞机,必要时得停止其交通,并得遮断其主要道路及航线;四、检查旅客中之认为有嫌疑者;五、检查私有枪炮、弹药、兵器、火具及其他危险物品,必要时得没收之。直到目前为止,斯项戒严令尚未取消,白天交通要道有警察、有宪兵,且均系双岗。不过市面上已渐渐恢复常态。

像一套逻辑一样的,每次发生丢脸的事件,总免不了要说有"奸党"作祟,六日川康绥靖公署召集本市新闻记者谈话,一位大员劈头就说:"此次风潮绝非单纯为米荒,确系有奸人从中策动,警备部已当场拿获两人(按,即袁树德与宋玉书二人),彼等着西装,显非穷人,且带有照相机,拍摄抢米情形,并立于高处喊:抢!大家抢!以煽动贫民……"某副参谋长亦一口咬定:"今日抢米事件是一个有组织、有计划的阴谋……"某议长亦就此次事件发表谈话称,有"此次风潮之由来,确系有奸人从中唆使者……"等语。

关于解决事件的有效办法,省府当局认为应该来一个"紧急措施"，因之六日有了"市粮紧急措施法"。跟着，"冲销米"上市了，价格是十五万，分区配售，至十日，某报有一则消息说："各保甲分发冲销米中，一般市民的反应有如下的语句可供保甲参考：'米一斗有少一升的呀！''比糙米还粗呀！''缴了钱老是拿不到米……'"所谓"冲销"，也不过如此而已。

据最后统计，此次全市米商所受损失，计米店米厂共三百余家，米一万四千余市石，现款数千万元，其中以华成、益中、益民、华丰、南门钟毅诚等数家损失最为惨重，总计在十亿元以上。各米商已派代表向市参会请愿，要求合理赔偿；市参会议决，由市府先将被查封的仓栈的囤积米粮，发交被劫粮商，平价发售。但是查封所得仅两千余担，不知市府将何以解决。故直至今日，除发售冲销米外，多数米商因无法复业，故成"无市"。

这种"抢米"的事件，半月来已经在上海、杭州、无锡、成都各地不断发生，好像显示着一个历史上大恐慌的征兆。刺刀和法律对于饥民是没有多大作用的。饥饿的愤恨是人类中最可怕的情绪。世界上没有一种东西，能比"绝望"更能使人冒险的了。

五月十二日寄自成都

（原载《时与文》一九四七年第十一期，原题《记成都抢米风潮》）

钱实甫：
成都的盛名实在太大了

钱实甫（1909—1968），1933年毕业于北京大学。后受中华书局委托整理清人笔记，如刘禺生《世载堂杂忆》、文廷式《闻尘偶记》、侯毅《洪宪旧闻》等十四种。

序　篇

很小的时候，便知道了号称"小北京"的成都。这个历史上的名城，西南的重镇，而且又是一个满含着丰富的浪漫色彩和有着若干香艳故事的胜地，叫人如何不衷心向慕呢？芙蓉城、草堂寺、武侯祠、薛涛井……在诗歌上和谈话里，不知道已是怎样的熟习，熟习得像我的故乡一样。可是"蜀道难"，多少年来，总没有一个适当的机会，让我一饱眼福。

从前没有去过西湖的时候，虽然引为生平的憾事，却究竟全不着急。到杭州去是太容易了，只要你稍稍有点儿闲，有点儿钱，便可以游个畅快。而且它接近南京、上海一带谋生最易、朋友最多、往来最便的地方。既相去不远，又何必着急？成都却较难，机会似乎太不容易。许多人提起成都来,都很耽心此生无缘,在重庆住了八年之久而又须还京的朋友们,更其引为恨事。成都的盛名实在太大了,无论好坏,你总得来过一趟,才会不负此生。它的魔力在哪里?

我曾在这"锦城"里住了一年多,似乎并不如理想中的美丽。古迹名胜多是令人失望的,成都也不例外。你想到那臭气熏天的"花港观鱼",你想到那破落萧残的"金銮宝殿",你想到那荒凉的"虎丘",你想到那污浊的"荔湾",这一个名都也就差不多了。我不敢小视成都,假如有人羡慕我的故乡"武陵源"的话,破工夫、费钱财去游一游,恐怕比我在成都的失望更大。

三十四年的元旦,经过了八个月的流亡生活,吃尽了千辛万苦,全家都到重庆。这是我第一次入川,新的环境总有许多新的情绪,更有许多十年未郵的亲友,短期间自然是很愉快的。一个月以后,我便十分厌恶了这个"山城",几乎不想多留一日。它比上海更嘈杂,比南京更拥挤,比桂林更单调,除了升官发财以外,别的毫无可以留恋之处。只是那上坡下坡的道路、昏昏沉沉的天气,就够你腿酸、头痛了,谁愿意自讨苦吃?我知道,它决不能代表四川,只是象征着一般大都市的黑暗面。何况我,白丁既不能做官,空手更无从敛财,这个"冒险家的乐园",绝不是我所能住的。四顾茫茫,何处容身?去成都吧。

一年多以来,成都也住得怪腻了。梦虽不甜,可是幻想终归兑现,恨是早已没有了。

北平有一种说不出的魔力,凡是在那里住过一两年以上的人,离开了它，没有不梦寐思之的。纸醉金迷的上海繁华，异乡情调的广州风味，苏杭的胜景，青岛的幽静，住过的人去了就去了，并没有什么留恋。我在北平住过六七年之久，离开了之后也同样的非常留恋；但它的魔力究竟在哪里，我却说不出来。总之，这十几年中，我和许多住过北平的人一样，时常在想念它，更时常想重游一次，甚至于想终老于此。可是近十几年来总没有这种机缘，偶然得一机会能来"小北平"暂住，未始不是一个小小的幸运，多少可以聊慰此心。

也许是我的成见，或许是由于我的感官太不灵敏了吧，只初来的一两天，看见成都较矮的平房多少还有点儿像北平，往后愈过便愈觉得太不像了。这一年多，终是在失望中度过。成都给我的印象太特别了，几乎没有一件事不是"意外"的。也许是我太穷了的缘故，实在无法领略到锦城的春色。

茶　馆

成都有一个最特殊的景象，初来的人立刻就可以感到而且会为之惊愕不已的，是遍街林立的"茶馆"和"厕所"。几乎每一条街上，都有这两种设备，稍长的街道还可能有两三处之多。每个街口必有茶馆，茶馆附近必有厕所，差不多已成公式。我最爱喝茶，喝得太多，自然也最爱撒溺；这对于我倒是很方便的。不过，我却不爱去享受它。

在重庆，每天的大小解颇成问题，在街上尿涨，尤其是一件顶劳神的事。公共厕所本来很少，好容易发现一个，总是又拥又脏。至于借光吧，商店没有，住户没有，我就常在街上急得乱跳。来到成都，这是第一件愉快之事，决不会使人为难。听说，一部分厕所早被政府封闭，数目已比从前少得很多；旧时怎样的多法，颇难想象，封闭的原因，据说是太不卫生，而且太臭。这个逻辑，我想了许久还未想通，不知道是否另有创见。厕所虽是封闭，肛门并未封闭，全城每天排泄的总数还是同样的多，何以少了几个粪坑就会卫生起来？我以为，成都的厕所比任何城市里的都要不臭些，恐怕就是多而不挤、坑而不满的缘故。关于这种不大雅的臭话，只好在这里附说几句了事。

据说茶是中国人发明的，喝茶又是一种最舒适的享乐，所以中国人最懂得生活的艺术。我生平最好的是茶，可没工夫读《茶经》，也没有资格去品品福建的铁观音，只是牛饮而已。在北平的公园里去饮茶是件安逸的事，曾经消磨过不少的时间。中山公园里有家茶馆叫作"柏斯馨"，那里有不少明朝留下来的参天古柏，我当初还以为是"柏香"之意。后来才知道它乃是一个译名，洋话叫作 Past Time。这却不是"过去"的意思，而是"如何过去"的意思，即"消磨时间"。在这里确消磨了人们不少的宝贵时间。南京人爱吃早茶，却是一片嘈杂，匆忙万分，颇不得饮茶之味，后来到了广州，又是遍街茶馆，而且富丽堂皇，早午晚三顿俱备，正合我的胃口。不过，许多茶馆里多是锣鼓喧天，声歌盈耳，这是"舅团"（捧女伶的人）

的世界，不堪热闹的人是无法久坐的。一般不兼唱戏的茶馆，也是相当的不安静，且有卖小吃、测字算命之流，穿来走去，决不能有北平那样的安闲自在。回想起北平的风味，更不胜系念。

到了"小北平"之后，茶馆又是如此之多，我起初真是极感兴趣。不过，它的味道依然特别，决不是吾辈中人所能领略的。这些茶馆，碗盖既坏，而且又脏，讲洋卫生的人是不敢问津的。加以一律竹椅，坐得更不舒服，本想休息的，却教你非用劲不可，反而自讨苦吃。何况人声的嘈杂，更加令人难受。有些小茶馆也有"说书"人之流，又讲又唱，无非忠孝节义那一套，不很中听。虽然把"圣谕"换成了"国训"，内容还是三十年前的一般。大多数的茶馆没有这一套，但百分之九十九是属于交易所的性质。来的人，并非消遣，多数是谈生意经的，而且各自成行。这样，也不是我们所能久坐的地方。少城公园里面的鹤鸣轩之类的茶馆，则少生意中人，而多所谓上流人的知识分子，尤以教育界中的人士为多。但教育也是一行，于是聘教员和找书教的生意也就多在这里商量。这是一个人市场，教员在如今只是穷酸一流，因而这里的茶馆别名之为"骡马市"。我辈教育匠，闻此雅号，实颇有哭笑不得之感。

人生如此，连喝茶还要受气，又何必去喝？

黄包车、鸡公车

听说政府最近有个五年计划，为尊重人道起见，打算在五年之内禁绝人力车。没有汽车、马车可坐的人，有时路远、生病、大雨、脚酸，以及孩子抱不起、柴米挑不动的时候，这别人不很人道的玩意儿对于自己却还人道。说起黄包车来，又要说到北平的才算得舒服。

北平的"洋车"，决不是别的地方能赶上的。它全是别处"包车"的样子。打气的橡皮轮、软坐垫、铜什件、电石灯，配上个经验丰富的车夫，在柏油马路上不快不慢地逍遥而走，你还不妨一边看着小报或线装书，确属人生之一乐。天津的"胶皮"，上海的"黄包车"，汉口的"车子"，广州的"手车"，比较起来，终属略逊一筹。北平冬天有棉套的设备，尤其不是别处可见的。

小北平的人力车颇多，而私人包车更多，但漂亮的却太少。普通的街车都是硬橡皮轮子，在那"水落石出"一般的马路上跑将起来，确乎有些吃不消。在桂林住了几年，穷得把坐车的乐趣大为减低，对于这玩意儿已很生疏。不过成都的路很远，街又生，常常不能不请教请教。可怜我这瘦子，硬皮硬骨在那硬垫子硬靠背上磨过几分钟，回来脊梁骨总是痛了起来，一两晚不能仰面而睡。有次去看苏国夫兄，从东门外走到西门外，来回三十多里，一路坐车，背脊骨上就开了个扩大会议，一星期不能弯腰。从此，我便害了个"恐车病"，不敢再行问津。假如朋友们存心要害我的话，花上几文钱请我坐车，确属妙法。

成都的人力车虽属不妙，却有奇景，似乎别的地方颇不易见。比如车上已经摆了几包米、几捆柴，已是上下俱满、高与背齐了；

但上面还坐上一个有公民资格的他或她。这一番表演在我这个神经衰弱的人看来，时常吓出一身冷汗。但那位满不在乎的头等乘客却从没有过紧张的表情。

此外还有一种重要的交通工具，独轮车，四川叫作"鸡公车"。这东西并不奇怪，各处地方都有，不过像成都这样的大城市里面，却未见过。鸡公车是颇有诗意的，故不宜穿广装去坐。假如你有这等的闲情游致，穿上长袍，摸双布鞋，选个天气晴和之日，坐在上面向近郊一游确乎不失为人生之一乐。这时你不妨闭上眼睛，悠悠然然地不想什么，细听那咿呀呀的独轮转动之声，正如神仙中人。偶然，你也无妨睁开眼睛抬头一看，那从重庆而来的邮航机正在鼓着双翼，嗡嗡地破青云而来，和你所坐的鸡公车一比，真可发一会心的微笑。不是吗？这正可以说明中华民族的伟大，伟大得无所不包，把古今五千年的东西陈列在一起。

汽车呢，这里却不多。虽说不多，却也有不少的"吉普女郎"在出风头，只可惜胜利得太快了，现在已成陈迹。此外，脚踏车之多，也是一个特色，骑车的技术，大致都还不差，只是白天不按铃，夜晚不点灯，未免多出一些事端。马车和重庆的一样，可惜太少，而且路线不多。只好你去将就它。

说到公共汽车，我还没有尝试过，而且也不容易发现。但成都之有公共汽车，却又是千真万确的事实。据一位曾经坐过的朋友说，他决不想再坐第二次。我想再问问第二位朋友，究竟经验如何，却还没有找着。

车是颇多了，形形色色亦复不少，然而与我无缘，因为我是有车阶级，用不着这些。我的车是最流行的"安步当"牌的第十一号。

赴　宴

成都朋友如果请你吃饭的话，你可当心，这的确不是一件简单的事。

做客在成都，喝，了不得，这真是一件大事。俗话说："若要一天苦，请客；若要一年苦，修宅；若要一生苦，讨妾。"但首先你要明白，挨这一天苦的不是请客的主人，而是你这位被请的贵客。

成都朋友如果请你吃饭的话，你可以不用看钟点，只记清楚日期便得了。帖子上无论是写的十二点、一点、二点、三点……反正一样，四五点钟才有饭吃。如果帖子上注明"准××点"的话，那也无所谓，你千万不要认真；这"准"字和之乎者也一般，助词而已。不过，请到我们这些"外省人"，主人往往特别声明或者另附一函道："硬是一点钟哪。"然而，总算你倒霉，这一天你别想肚里舒服。

吃过午饭再去吗？万一真的一点钟吃饭的话，坐着不动箸，似乎对主人不起。不吃午饭便去吗？又怕饿到四五点钟才有饭吃。按时而去吗？说不定主人还未驾临。如果两三点钟才去，又怕别人吃了一半，反而说你的架子太大。总之，你得先把主人的脾气考量一番，再推测他可能请的客人是些何等人物，然后再确定何时前往才妙。不过，尽管你的哲学与科学颇有根底，总有言之是十猜十错的。

这一天，首先是饿得你发昏，到了满桌佳肴的时候，你的虚火又饿了起来，不能下箸；但回到家来，又觉得其饿难当了。许多四川朋友也同样地为难，认为有人请客是"一天不安"的祸事。

在成都住了一年多，朋友本不多，都也挨过三五次，实在挨得怕了。幸而交游不广，否则，我只好逃走了事。这"请帖"，我把它叫作"销魂帖"；我之怕它，胜过你之怕鬼。

大嚼如此，我们再说说成都最著名的"小吃"吧！

成都的小吃的确是好，如"抄手"，如"汤圆"之类，却很少特色。抄手汤圆而用鸡汤，味儿自然不错，并不足贵。比较名不虚传的，则是北门外的"陈麻婆豆腐"。而堪称特色的，则莫过于"花生酥"。此外，特色便在又酸又甜又香又辣而已。许多朋友以"宫保鸡"相荐，其实这是贵州菜，贵阳确乎弄得不差。"吃在广州"，倒还有点道理。成都的小吃及不上苏州，并没什么特别的玩意儿。

（原载《现代知识》一九四七年第八期，原题《锦城春梦》）

晏　生：
一连串大小的事件，更加剧了社会的动荡与不安

讲述人生平不详。

　　成都——这一个红盆地西缘悠闲的古城，在目前战乱的局面中，比起开封太原来，仍然是那么平静，受不到中原烽火的影响。可是最近四五个月里面，这种平静被打破了，陕南的警钟一度使这个悠闲的城市变得不悠闲，接着一连串大小的事件，更加剧了社会的动荡与不安。

　　这一连串的事件可从四月九日学生请发平价米的事件开始。学潮刚好平息，接着便是国民小学教师因为吃不饱饭，要求政府发给实物的请愿，在市政府门前露宿两夜，问题仍然没有解决，使得前任李铁夫市长因此感到市政"不胜艰巨"而提出辞呈。国民教师好容易复了课，私小教师同退伍军官总队又提出同样的要求，同时退役军人还与省参议会发生了一次不愉快的事件，结果由王陵基主席赶到会场多方解释，方才了事。另外一方面，物价随着沪渝的涨风

直线上升，其上涨的程度，食米更是较其他牲口来得迅速，于是一般升斗小民，莫不叫苦连天，人们日常谈论的话题也开始从巴山防务转移到油、盐、柴、米上面去了。政府为着安定社会秩序，唯恐再造成去年那样的米荒，于是开始分区发售平粜米同调节米，并且停止采购军粮。白色恐怖刚好稍为缓和，法币问题又困扰着成都市民，所谓"法币问题"是指"钞荒""支票贴水"和"小钞兑换"三者而言，这在人们的交易生活里激起重大的不安与恐慌，一直到现在，这种威胁并没有解除，反而愈益严重。总之，在这个如火如荼的七月里，成都市民也是生活在如火如荼的社会环境里面的。

在七月一月的时期中，华北华中的战局都有了很大的变化，这中间最令四川人关心的是襄樊、老河口经过苦战以后被占领，第十五绥靖司令川籍将领康泽和副司令郭勋祺有阵亡与失踪的消息，陕南的白河同洵阳也日益紧张，大巴山外围的据点逐渐失落，共军的实力已逼近巴山防线，很容易蔓延进四川来，但凭巴山之险是靠不住的，巴山的山脉连亘，东西千里，兵力未必比开封襄樊更雄厚，何况共军更擅长于山地战呢？

省参座谈会第一届六次大会六月二十五日在成都开会的时候，评论员先生们开始意识到巴山防务的重要，觉得现在已经不是议而不决的时候了。本来巴山问题在上次大会时就已经热烈辩论，可惜没有下文，今天旧调重弹，结果通过了省府的重要议案——民众组训方案。至于组训经费的来源，是在中央还川谷款中提九十万石以养应用。四川人民并不吝惜这九十万石的设防经费，不过希望这九十万石的谷款，能够真正用在设防上面，因为在这民穷财尽的今日，"九十万石"对穷人至少不能不算是一个很小的数目。

说到谷款，又是使人头痛的事情，上次省参座谈会开会中央汇来谷款的时候，议员先生们中立刻发生了不同的意见，对于"二百九十余万石"这个庞大的数目，有主张还之于民的，有主张移作巴山设防经费的，也有主张用来建设四川造成"建设实验省"的，后来左表决右讨论，结果存在省银行去生息。所以上次成都米价暴涨的时候，有人说是游资充斥，于是一般头脑敏感的先生们，便联想到谷款上面去了。

这次省参座谈会还有一个大争辩，就是决定四川今年的田粮征借附征总额为一千六百二十万市石。任何人可以回忆，自从田赋征实以来，四川一省的负担，远比任何其他省份为重，抗战期间对国家实已尽了最大的努力，红盆地虽然富庶，但实在不敢当"天府之国"的头衔。这次议案的通过，在议会曾经激起了轩然大波，不少的议员，认为这样的大数目，实在不是贫苦的四川人民所能负担，于是以通过时不足法定人数为理由，主张推翻原案。但第二次的表决，主张维持前案的人战胜了。国家运用美援着眼华南，田粮征借与军粮采购却着眼四川，这两者比较起来，是如何冷酷而不均匀的图画啊！

在六月、七月两个月中，钞荒成为成都市民日常生活的课题，尤其是在七月中旬，市面上几乎完全是支票在流通，用支票调换现钞必须经过贴水的手续，而且还要人事关系，市面的贴水率由百分之八涨至百分之十五，又涨至百分之二十五，最高达百分之三十。

这对于零星收入者和公教人员是一种无形的剥削，大多数机关以钞荒为理由薪水最快的延迟到半月以后方才发下，薪水收入者一方面因为物价上涨而损失了购买力，另一方面又损失了一个比期的利息，这些利息跑到谁的腰包里去了呢？真是天才晓得。零星收入者所受的剥削是不同的，他们收入支票付出现钞，无形间打了一个七折或八折，生活的困难更因此而加深了许多。所以钞荒在一般人的心目中，可说是"七月的瘟疫"。

由于钞荒的教训，许多人看到现钞一到，便纷纷向银行钱庄提取存款；同时一般商场观察，认为大钞发行，必然刺激物价上涨，于是拼命抓货，投机市场空前繁荣，行庄存款多提出去，顾客上账的很少。但是大钞发行后，物价并不如一般意料地狂涨，很多负担高利子金的商人，握住货物不愿抛售，即或抛售也因为银根紧俏而不容易脱手，于是社会大部分资金无形间冻结在货物上面；在另外一方面，七月上半月各地银根奇紧，金融业大都困于紧张状态，当时唯有成都金融市场风平浪静，纷向各地伸出援助的手，调解款项予以挹注，成都市场虽然不大，但也备尽全力，于是蓉垣头寸因此而实底空虚。有了上面这一些原因，便造成了七月底成都的金融风浪。

风浪发生在七月二十七日，因为银根紧俏，退票一天比一天多，退进多退出少的行庄，使原来已经足够的头寸，也陷于短缺了，二十七日午后的退票，一家有退到两百亿的，家家疲于奔命，一片退票声，形成一塌糊涂的景象。在这种紧张状态中，成都七十三家交换行庄，只有少数扎齐头寸，因为退票而差头寸的行庄，深夜还在四处奔跑，苦于拆进无门，这种情形同业称之为"跑警报"，其紧张状态，打破了胜利后三年来的纪录。后来由省银行买进即期汇票，付出头寸五六百亿元，到二十八日清晨二时，扎齐头寸，蓉市金融界方告无恙。

蓉渝两地的汇水，因此急剧地降落，二十七日跌到倒扣三百五十元，成都用六百五十元，重庆即需交足一千元，换句话说，便是成都同一法币数量大约只合重庆法币数量的六成半而已！真是创空前未有的奇闻。

对于这次风浪的善后处置，一方面中央银行重新开放托收款项业务，为各行庄收取款项来蓉救济，并且颁行票据当日抵用的禁令；另外一方面，成都市银钱众公会决议，自二十九日起，银行钱庄信用抵押、质押及贴现、透支、放款等，一律停止。此种措施，自胜利时一度实行以来，实为三年以来的第一次。

拿最近几个月的情形来说，成都发生的是一连串不幸的遭遇，这里虽然嗅不到烽火的气息，但是社会的内层却正酝酿着严重的败血病。总之，在这个火热难受的七月里，成都人是生活在更火热更难受的情况下面的。

（原载《新路》周刊一九四八年一卷十五期，原题《七月流火话锦城》）

自　生：
它在人民政府正确领导之下，天天在前进

讲述人生平不详。

蓉城是芙蓉城的简称，也就是成都的别名，它是我国西南比较封建和保守的一座古老城市。自从被解放后，至今天已有整整八月了。它在人民政府正确领导之下，天天在前进，时时在转变。蓉城是有非常光明的前途。

叮当声是蓉城最特别的一种声音，在过去，到这儿来的人们，差不多对它皆很熟悉。只要你在热闹街上走一趟，便可听见"叮当，叮当"的声响。这是什么一种声音呢？这原是私人包车的铃声，因为蓉城小汽车较少，过去那些有钱有势的官僚、地主、资本家阶级，便以私包车代步。他们出街时，为了要表示他们的威风，为了要小市民赶快让路，接连地按着车铃叮当叮当地响。所以人们只要听见叮当声，便知道这是个阔人物来了。因此叮当声在蓉城便成了他们的阶级记号。人民解放军解放成都后，这批在旧封建社会里，完全

靠剥削为生的家伙被打倒了，他们不敢再像先前那样叮当了。所以作者这次来蓉城，首先感到奇异的，便是闻不到这种声响。

随着叮当阶级的没落，继之而起的现象，是有房产者，大量出卖房产；不能劳动生产而有衣物器用者，大批出售其什物，所以这时蓉城买卖房产的交易，特别多；各街上摆地摊的人，也日益多起来。这是象征什么呢？这象征了剥削和不劳动阶级的沉沦。

劳工脸上的欢笑

在蓉城，过去拉车挑担的劳动者们，真是过的牛马生活，他们出卖了劳力，得到了极微细的报酬，有时还要受人辱骂与挨打。但时至今日，他们都挂起一副欢笑的脸了。在这封建的都市中，劳工们已打破了以往的自卑感，自己提高自己的身份了。

不过这里也有一个需要解决的问题，便是劳力暂有过剩的样子。有一次，我亲自问过一些织布工人，他们皆说："现在生意不好做，工厂尚未全开，找工作是极困难的事。"这问题，人民政府已经在解决，前次派一部分失业工人去修铁路，便是好例子，好在这问题渐已得到合理处置，现已不十分严重了。

小食更见增多

蓉城的小食，向来是负盛名的。随便举一些，也就大有可观。

如赖汤圆、华华汤圆、吴抄手、矮子抄手、荔枝巷水饺、长顺街智德号牛肉蒸笼、北门外陈麻婆豆腐。这些地方的东西，都是到蓉城来的人应该尝试一下的，并且价钱也不很贵。本市的市民，今天已觉得不应多进贵族化的食品了。普通两三人去尝一尝，也要花上好几千元，何不去买几升或一斗米来吃呢？所以最近涌现街头的，是另一种小食，名叫"五香素油茶"，是用米粉和菜油煮成糊状物，加上葱花大头菜颗粒，再添些脆黄豆、油炸花生仁，每一大碗，代价两百元，吃起来清香可口。这真可以说得上又经济又实惠了。其他尚有一种平民食品，便是玉麦饼，这是用玉麦粉来做成的，虽然味道稍差，便每饼一百元，为多数人所能接受。无怪一般人皆对之大感兴趣。——看市民的小食，看市上小食的增多，可知蓉城人的生活，正向着正规的、节约的方向走去。

关于食店方面，也可以告一告读者的，便是大食店多已关门，代之而起的是小小店面。店面的招牌，过去都表现封建颓唐的色彩如"不醉无归小酒家"，"口叩品"现在却换上劳动的字样，如"工人面包房""劳工食店""工人厨子面店"，这虽是小小的点缀，由小观大，可知蓉城市民已趋向劳动！

迷信在动摇着

蓉城因为是一个比较古老的城市，所以这儿的人们，最迷信神权，最忌讳小事。从前每年盛大的城隍庙会、七月半的中元节、元旦日的祭神祭祖，与出门忌预兆、烧灶忌南向等忌讳不一而足。自从解放后，庙会也没有了，中元节有的根本不烧钱纸银锭，有的虽烧些，多在暗中进行；元旦日也再不祭奠神像了。忌讳呢？更不复令人相信，所以深入民间几千年的恶习，已有动摇之势，假如人民政府再加上科学宣传，这些恶习当不难完全被推毁的。

迷信和忌讳已在动摇，依赖它们生存的卖香、纸、蜡的店子，也在改行了。因为他们想到这些东西，完全是消耗品，对人们不但没什么益处，反而有害于人民大众。

搞好生产建设

"搞好生产，搞好建设"，这是全国人民的呼声，也是全国人民的愿望。今天这种呼声已到了蓉城。解放前后一般工业的瘫痪现象，现在差不多皆恢复原状了。尤其在人民政府积极扶植，像生产贷款、委托加工下，各项工业皆有繁荣之象，所以申新纱厂、宝星纱厂、大昌纱厂、川西机械厂等，皆在大大改进，增添机器，突击生产，这真是人们乐闻的喜讯。

搞好建设声中第一大杰作，便是几十年来都未修好的成渝铁路，在人民政府成立后还未到一年时，便动工修筑了。这一杰作，不仅获得蓉城全城市民的拥护，而且更深深打动了他们的心坎，对人民政府更深入一步地了解，他们都说："今天的人民政府，确实为人民做事了，修建成渝铁路，便是一个最好的证明。"

川西军区修筑铁路的战士，及参加修筑成渝铁路的失业工人，他们经过蓉城时，人民万人空巷地争睹这批英雄的丰采，他们的坚强毅力与信心，表现在他们脸上，他们雄壮的歌声，至今仍缭绕于人们的耳鼓：

　　"同志们：勇敢向前走，不完成成渝铁路不回头；嗨哟！嗨哟！嘿哟！嗨哟！嘿哟！我们来呀，来呀，来筑路；你担呀石头，我来铺路，我们要把那山来开，不怕风雨暴日晒，万里长城也是人来筑……永久为人类筑一条幸福路，筑一条幸福的路，嗨哟！"

风景胜地游人少

　　蓉城附近的风景胜地，大约说来，东门外有望江楼、薛涛井，南门外有抗日时所谓的"天堂"华西坝、武侯祠、青羊宫，西门有草堂寺，北门外有昭觉寺，城内有少城公园、中山公园等。这些地方，在春光融融、风和日丽的春天，游人如织；在溽暑熏蒸的夏日，红男绿女，也多同出游玩。但饱食之余无所事事的消遣者，以及无意义的赏览古迹者，在解放后，似乎已少有了。日前作者去望江楼走走，华西坝、青羊宫溜溜，觉得闲人极少，差不多来来往往的人们皆背有所负、手有所携地走着。他们的眼光，很少为风景名胜所吸引，我们似乎已少此种无谓的消遣的闲心了。现在望江楼薛涛的像仍立在井边，青羊宫的青羊也站在案上，华西坝整齐的洋房也矗立在坝中，只是游人少了。为什么少呢？他们不复像过去那样，游手好闲地漫步逛玩,生活趋于严肃,他们已经在劳动、在生产了。

  蓉城的近况,很简略地写了这些,这虽是一种走马看花的记录,但由此也可以了解它一个简单的面貌。总之,蓉城这古老城市是在转变了,它的转变,虽有快有慢、有大有小,不过都是向前转变的。近日作者常闻一种儿童的歌声,可以将它拿来作本文的结束:

  "锵锵唭锵唭,成都人跟着毛主席!

  锵锵唭锵唭,成都人跟着毛主席!"

一九五〇年冬于蓉城

  (原载《旅行杂志》第二十五卷一期,原题《转变中的蓉城》)

第二编 锦城秀色

微　言：
成都仿佛是北京

讲述人生平不详。

"蜀道之难，难于上青天。"这是自古以来对于四川地形和交通的素描。的确，它的四周都是崇山峻岭，成为四川盆地，内部也是三步一坎，五步一山，全省很少寻出来周围三四十里的平原，道路崎岖，非常难走。虽然近年交通工具比前便利，不过较诸北方一望平原千里，又不可作同日语。由重庆起身西上，在距离成都将及九十里的龙泉驿大山上，遥望一片沃野，周围数百里，便是四川唯一的大平原——"川西坝"。成都城市就在这平原上建筑的，作为四川的省会，将及两千年。

因为成都是锦缎的市场，而且环城又有一条锦江，故称"锦城"。又因城中多芙蓉，每当秋高气爽，芙蓉盛开的时节，真是说不尽的美丽，所以又有"蓉城"之称。可惜经过多年来的摧残，芙蓉蹂躏殆尽，"蓉城"美名，已成历史的称号。全城周围二十六七里略作斜四方形，分东、西、南、北四门，都有水绕其外，城壁高三丈，底厚一丈八尺，顶厚一丈六尺，据传明蜀王所建，工程坚固。从前城上垛口，都很整齐，但是经过多年来的内战，渐把城的建筑损坏，以后索性把城垛口的砖，拆下出卖。近年因为城墙对于防匪关系很大，不过城墙很多地方已经毁坏，于是又有人倡议修补，在这一毁一补的过程中，四川不知演了若干自相残杀的惨剧。

全城分作三部分：皇城位居中央，周围三四里，是蜀汉皇城遗郭，辛亥革命以前，四川军政长官都在里边，民国初年，仍尚旧习，自从经过戴勘的内战，皇城被毁，后改为高师校址，最近高师和成大合并，于是变为四川大学文法两院。皇城里有煤山一座，是全城最高的地方，读者如果不健忘，总记得去年邓田刘三军在成都巷战，曾经死去兵士平民将及万人。各军为争得煤山的一点高地，就死去几千人，所以战后立刻由人民把煤山铲平，以杜后患，但是至今周围的房舍，还能看见很多被枪炮打穿的残迹，可见当时激战的一斑。第二是"满城"，又称"少城"，位居全城的西部，旧为八旗防地，汉人不得阑入，现在已无这种界限，不过从前遗留的满人多无以为生，我们走在少城的时候，偶尔也许发现捡垃圾的旗婆，背着一个竹筐，时时听到她们吆喝一声"换取洋灯儿"的声音，仿佛是身在北京。此外称为"大城"。旧归成都、华阳两县分治，成都改市后，成华两县县署仍在城中。大城中以东门大街最热闹，因为东门是川东大路到成都必经的地方，所以这一带商贾栉比，颇称富庶。

北京和成都，全是古城，凡是住过北京再来成都，觉得有很多相似之处，在成都，虽然精神方面，不尽使我们满意，而气候和设置上，使我们舒适畅快。建筑没有像北京那样庄严华丽，但是无论大街小巷，道路都很整齐，中国人自己经营的城市，有很整齐的街道，恐怕除了广州其次要推成都。提起了成都的马路，任何人都忘不了杨森。因为现在的马路是杨氏驻扎成都时，用强硬手段修成的。当时颇遭成都的"五老七贤"和平民所反对，曾有一联讥诮杨氏，上联写："问将军何日才滚？"下联是："愿督理早点开车。"川语"滚路"和"碾路"同义，"车"字等于"溜"或"逃"。杨氏索性不管，终于把成都全市马路修成三分之二，才被邓田刘联军给轰"滚"。在未修马路之前，成都城内的交通，只能乘轿代步，现在轿子绝迹，人力车、汽车都通能行，恐怕当初反对修马路的诸君子，当着坐在车上东奔西跑的时候，也要交口称便，感谢杨氏的功德无量。至于建筑住宅，率皆平屋，铺面都是一楼一底，因为成都四周多水，并且土质多沙，地基不稳，因此不宜过高建筑，在表面上看来，颇为整齐，不过所用建筑材料多为木质，而且建筑又很草率，这样对于全市美观，不无减色。

（原载《新生》一九三四年第十三期，
原题《成都仿佛是北京——蓉城杂话之一》）

思 蜀：
人们遨游浣花溪，很容易联想到唐代大诗人杜工部来

讲述人生平不详。

　　浣花溪水水西头，主人为卜林塘幽。
　　已知出郭少尘事，更有澄江销客愁。

　　无数蜻蜓齐上下，一双鸂鶒对沉浮。
　　东行万里堪乘兴，须向山阴上小舟。

——杜甫《卜居》

一

　　浣花溪在成都少城西郭外。
　　春天，当百花开放的时候，沿着溪流望去，是一带的花团锦簇；春既暮，溪里却飘浮着一瓣瓣的残花；成都的人们称它作百花潭，真名实相符呢!

即使在这么炎热的夏天,浣花溪的美丽、幽趣,也不会因之而减少丝毫;相反地,它正被许多人作为消夏的胜地和避暑的佳境。

的确,它,是值得留恋的地方。

溪水是一片的澄清、碧绿。

水浅处,野荷正开放,荷叶一朵朵地平铺在水面,让溪水洒着一颗颗亮晶晶的珍珠,在它的圆叶儿上;花间、叶上、水面飞舞着弱不禁风的蜻蜓,紫燕儿也梭子似的穿来穿去,在溪的领空里。

溪水当急流时,发出潺潺的声音,似玉之铮锵。

水滨泊着几只采莲的小艇和游溪的画舫。

溪的左岸是个茂林修竹的去处,苍葱茂密的林荫里微露出几座消夏山庄的高楼飞阁,从此飘起了凄绝悠扬的琴声。

溪的右岸几株垂杨,垂杨的四周芳草如茵。

上游,水曲折成一座半岛形的沙洲,芦苇丛中泊着几只捕鱼的小舟。

沿溪丛生着野花,熏风过处,一阵阵的芬芳袭入游人的鼻里,心神也为之而清快。

所以在夏天——尤其薄暮,浣花溪的游客真不少呢!

二

人们遨游浣花溪,很容易联想到唐代大诗人杜工部来。因此,工部草堂便成了游客们的驻足之所。

堂在万里桥西,即浣花溪西岸江流曲处。

浣花溪蜿蜒曲折地环抱着草堂。杜甫有"清江一曲抱村流"句,当即指此。

草堂跟古寺比邻而居。四周绕以千百株修竹和参天的苍松、古柏。

荒荆丛生的古道从林里横穿而过,直达草堂寺前门。此外,一条泥沙面的马路弯弯曲曲的像黄蛇似的从青青的田畦之中爬到了草堂侧的古寺前。

草堂的建筑像座庙宇。从侧门进去,是一块小小的池塘。有草亭,有小桥临在池上。塘里荷芰丛生,杂草蓬蓬。

跨过小池是"正殿"。石碣一方,上刻工部戴笠像。久经风化,已模糊得只可看出一些轮廓。

殿里供工部牌位,有老道士司香火。

穿过正殿踱过曲折回廊,是草堂的花圃。桃树几株,老干槎枒,相传是工部手植。

这里也有座草亭,不过行将朽坏,颇有几分古意罢了!

草堂有小门直通僧舍,据说:工部初抵成都时,曾寓居在这里。

不过现在这里变作兵房了!

三

　　成都自民元以来即常遭兵荒马乱之苦，二十一年刘田在成都巷战，这里——浣花溪、草堂寺也曾做过战场。即在平时，沿浣花溪也都是兵营，澄清的溪流成为他们浣衣的所在，同时还做了他们露天的浴堂！

　　工部在唐时，即饱尝干戈之苦，流浪至蜀，浣花溪畔结庐，也无非以此尚有一块干净土。谁料宝应元年徐知道反，成都也不得太平！这还不够，千百年后，草堂也不免罹枪林弹雨之厄！倘工部死而有知，将怎样悲痛其生世之多难呢！

　　这里，我忆起了工部的诗句：

　　　　成都乱罢气萧飒，
　　　　浣花草堂亦何有！
　　　　　　　　——《相逢歌赠严二别驾》

　　（原载《人间世》一九三五年第三十四期，原题《浣花溪》）

高越天：
成都确是一个住家的好地方

高越天（1904—？），浙江萧山人。曾任杭州《民国日报》总编辑、陕西《西京日报》主笔。

剑南山水尽清晖，濯锦江边天下稀。
烟柳不遮楼角断，风花时傍马头飞。
芼羹笋似稽山美，斫脍鱼如笠泽肥。
客报城西有园卖，老夫白首欲忘归。

——陆游《成都书事》

从前中国整个版图圆轴的中心，说是兰州，现在据说中心是移在襄阳了！将来还是向东南移或向西北移，要看我们民族能不能争气？谈到东北和西南的一条斜角线上，自从东北短去了一大截以后，西南的地位，显然成为一个后方根据地，在这个西南角许多省份中间，历史上、人口上、地理环境上最占有重要地位的，第一是要推四川，我现在姑且不必编讲义式地叙述四川有一百二十九万三千八百方里的面积，五千几百万的人口，盐铁煤米棉等等的出产，一件件拿数字来列举，单就入了夔门，轮船走了三天，汽车跑了两天巴巴地到了成都——四川省的中心，这一点就可以想象它区域的大了！至于人口的多、物产的富，以及社会间生活的一切一切，那我就从成都方面，零碎写一点印象出来，让读者去想象吧。

假使你是江浙人，离开了故乡，向北跑，过了长江，就觉得社会景象有点儿异样，一过了黄河，就像换了一个世界，当极目平原，寒鸦古木，狂风卷起黄尘的时候，你就不免发生一种慷慨悲歌的情绪，要哼那"风萧萧兮易水寒"这一类的歌了！若还反过来向南跑，一到了闽疆，也就觉得榕竹茂密、翠碧蒸郁，景象有点不同，一到了珠江流域，满眼丹荔黄焦、蛎墙白屋，天特别的青，柳树特别的绿，又像换了一个世界。但你若溯长江西上，一直进到三峡看到峭壁千仞、青天一线，方才觉得有点特殊风味。但当你过重庆到成都进入四川盆地以后，满目的阡陌纵横、竹篱茅舍，却简直和江南的农村一样，丝毫不觉得有异乡之感，怪不得陆放翁在成都住了十五年，"老夫白首欲忘归"了！我们到了成都城里，第一个使我领略到的，就是人的拥挤，街道的雍容不狭，而且一方方都造成井字形，颇为整齐，路面却是石灰泥沙三合土筑的，有几段很光滑平整，有几段却非常凹凸不平，汽车不时要跳起来，走路的人似乎都有一种懒洋洋的态度，汽车到他身后喇叭狂按，他才慢慢吞吞地走开，汽车擦身而过，他却回头向你一笑，这种悠闲的态度，有人说是文雅，有人说是农村都市的特色；又有人说是鸦片关系，恕我都不去研究他。但是进城一看到各店家的市招，我觉得川人之好风雅，确是出色！一家卖夏布的店名叫"六月雪"，一家面店名叫"稷雪"，一家文具店名叫"墨磨人斋"，此外，"醉沤"啦，"不醉无归"酒家啦，"忙休来"啦，"努力餐"啦，都取得极有书卷气，象征着蜀中的文化。几百张竹椅，多坐得满满的，喝茶、摆龙门阵（即谈闲天）都闲适异常，因此成都的谣言也是无奇不有。

成都城依着锦江建筑，形成一个斜角正方形，过去分为三个城，一是皇城，前明蜀王住的，现在是四川大学的校址，门口的石狮，还保有旧日狰狞威武的神气，可是蜀王宫殿，早已荡为寒烟了；一是少城，旗营住的；一是旧城，一般人民住的，现在却混合了。成都城旧名锦官城，又因锦江上芙蓉甚多，所以又叫作蓉城，可是现在芙蓉是不多了，锦江却依旧绿沄沄地流着。城内外居民据说有五十多万，城内建筑等等，新旧合璧，原因是一方面模仿北平、西安，一方面却模仿汉口、上海，新的部分，春熙路商业场一带，洋货充斥，装饰华丽，颇有杭州新市场的神气，旧的部分，又像北平的天桥、西安的城隍庙街，尤其是东大街的夜市，忠烈祠街的古物，充满了故旧的意味，假使你有暇的话，去访访"锦官城外柏森森"的丞相祠堂，一代才女的遗迹薛涛井，种种怀古的幽情，确也够你玩味。此外百花潭昭觉寺，也都很清幽。昭觉寺的罗汉堂，完全模仿杭州的灵隐寺（闻得灵隐寺罗汉堂被火烧了，使我怅然！），塑像生动，极有艺术价值。只有青羊宫和草堂寺却没有什么可看，空负了一个盛名。

成都的气候是好极了！冬天最冷到三四度，平时总在十度左右，春秋气候的适宜，更不必说，夏天也不热，所以农产品非常的好，整年有新鲜碧绿的含豆吃，萝卜白菜以至于一切菜蔬，都肥大可爱，牛羊猪鸡鸭等，都多而不贵，确是一个住家的好地方，怪不得许多欧美人士来传教的、来教学的，都老爱住在成都，有的六七十年以上都不再愿意回国去呢！菜的烹调，在国内是凤负盛名的，成都更属讲究，有一家"姑姑筵"，好的百余元一席，我辈却不敢问鼎，有几家小吃馆，也烹调得非常好。不过川菜都有点辣味，要能吃一点辣的才配胃口。成都市上熟食店、酒店、点心店也特别多，熟食店中各种腊味，不下于江浙，酒店卖的，一种是香花酒，味甜等于药烧，一种是大曲，等于高粱，气味芳烈，极易醉人，杜少陵所谓"酒忆郫筒不用酤"的郫筒酒，就是这种酒，此外仿绍兴的黄酒、贵阳的茅台酒，也可一尝。至于点心，那更种类繁多，不过多是甜的，不容易多吃。至于娱乐方面，川剧似乎在成都市上最占势力，它的声调颇类吴越的高腔，一唱群和，虽合有柔曼的拍子，可是音乐非常刺耳，锣钹乱敲，突然间震耳欲聋，既不能够像平剧的雄浑流利，又不能够如粤剧的凄婉哀怨，更不能如秦腔的悲壮激越，真是下里巴人之曲。此外影戏有几家，设施也不大好。公园有中山公园、北城公园，占地不广。只有一个少城公园原是蜀王的御园，地基广袤，玉河贯流其中，园内亭台花木布置还算幽微！这几天梅花已经盛开，绿萼绛英，幽香沁骨，当我在梅林下徐步的时候，远想到杭州的孤山灵峰，不禁悠然神往了！

　　成都的古迹，似乎是很少了，原因是经过了张献忠的一番劫掠和焚烧，一块七杀碑留在博物馆里，已风化，剥蚀得看不见字，算年代还不过三百年左右，因此我联想到各种金石碑碣的寿命，在秦蜀两地是大有长短之分，在秦中新出土千年以上的碑碣，多完好无缺，但在四川，却早已霉烂得像土砖一样，这完全是地层水分的关系。黄土原和红盆地的燥湿，相差真太大了。所以喜欢研究金石考古的人，都喜向西北去，夙称天府之国的西南奥区——四川却只有古名，并无古迹，好像一块新大陆，只须你有才力财力，却尽有许多处女地可供你去开发。同时离堆的水，三峡的山，峨眉的雪月，剑阁的烟云以及青城凌云诸名山，独擅天下的雄奇秀丽，在那里欢迎外来游览的人们！

　　　　　　（原载《越风》一九三七年二卷二期，原题《锦城片羽》）

张恨水：
到过成都的人，都有这样一句话：成都是小北平

张恨水（1895—1967），原名张心远，安徽安庆人。鸳鸯蝴蝶派代表作家，被尊称为现代文学史上的"章回小说大家"。代表作品有《春明外史》《金粉世家》《啼笑因缘》《八十一梦》《水浒新传》等。

北平情调

不才随重庆新闻界参观团往成都，《上下古今谈》须停笔若干天，以代其缺。自然卖担担面儿的也不会做出鱼翅席，还是古今谈解数。

到过成都的人，都有这样一句话：成都是小北平。的确，匆匆在外表上一看，真是具体而微。但仔细观察一下，究竟有许多差别。凭我走马看洛阳之花的看法说，有一个统括的分析，那就是北平是壮丽，成都是纤丽；北平是端重，成都是静穆；北平是潇洒，成都是飘逸。自然这类形容词，有些空洞，然而除了这些空洞的形容，也难于用少数的字去判断。若一定要切实地说一句，应当说是成都之北平味是"貌似"而微，而不能说是具体而微。

虽然成都这个城市,绝不同于黄河以南任何都市。就是六朝烟色的南京,历代屡遭劫火,除了地势伟大而外,一切对成都都有愧色,苏杭二州更是绝不同调。由江南来的人,看到了这个都市,自然觉得这是别一世界。就是由北方来的人,也会一望而知这不是江南,成都之处就在此。

看成都的旧街道,两层矮矮的店铺夹着土质的路面宽达三十丈,街旁不断的有绿树。走小巷,两旁的矮墙,簇拥出绿色的竹木,稀少的行人,在土路上走着,略有步伐声。一个小贩,当的一声敲了小锣过去,打破了深巷的寂寞,这都是绝好的北平味。可是真正的老北平,他会感到绝不是刘邦的新丰。人家的粉墙上,少了壁画,门罩和梁架上,少了雕刻,窗栏未曾构成图案,一切建筑,是过于简单了。

看一个地方的情调,必须包括人民生活,自不定光看建筑,而旅客对于人民生活的体念又是一件难事。然则我们说成都之北平味,是貌似而微,不太武断嘛?我说不,建筑也是人民生活的一部分,在这上面,可以反映到他的生活全貌。试看苏州人家的构造,纵有园林,也只有以小巧曲折见胜,你就可以知道苏州人之闲适。于是以成都之建筑,考察到北平风味,是不中不远也。

驻防旗人之功

成都作为都城,在历史上,可以上溯到先秦。然而,它不能与西安、洛阳、开封、北平、南京比，因为它不过是一个诸侯之国，或僭号之国的都城而已。比较成为政治重心的时代，共有两次：一次是刘备在这里继承汉统，一是唐明皇避免安禄山之乱而幸蜀。但这在当时，为时太短，到如今又相距很久，留给成都的遗迹，那恐怕是已属难找。自赵宋灭孟氏之后，只有张献忠在这里大翻花样。然而，那并不是建设，是彻底的破坏。所以，我们看成都之构成今日的形式，应该是最近三百年来的存储，谈谈太远，那是不相干的。

清朝一代，成都是西南政治军事文化据点之一，尤其是那班驻防旗人，他们扶老携幼，由北京南来，占了成都半个城，大大地给成都变了风气。他们本来站在领导的地位，将北京的缙绅生活带到这里，自然会给人民一种羡慕荣华的引诱。在专制时代，原有"城中好高髻，四方高一尺"的倾向，成都人民在旗人的统治与引诱之下也不会例外，由清初到辛亥这样继续地仿效共两百年。然则这里的空气，有些北平味，那是不足为怪的。

桐花凤

自我们念过王渔洋的词："郎似桐花，妾似桐花凤。"我们就联想到桐花凤是怎样一种鸟。这回在灌县离堆的李冰祠面前，我们有个机会仔细地看到了。鸟贩子将竹丝笼子，各关着两头或三头，送到游客前面来兜售。这小小的动物，比燕子或麻雀，还小到一半，嘴长而弯，像钓鱼钩，紫色头，大红脖子，胸脯黄，与颈毛交错，翅翎深灰色，中间夹着淡黄，尾长二寸余，约为身体之两倍，翡翠色。总而言之，美极了。就因了它太美，捕鸟者，就把它关在笼子里了。

它是怎样被捕的呢？这里有无数的桐花树，高达六七丈，淡紫色的桐花，大如酒杯，作喇叭形成球样地开在枝上。大概是花蕊里有蜜，桐花凤与蝴蝶一样，在树枝上飞来飞去，时时钻进花里吃蜜。捕鸟人利用它这个弱点，将长竹竿接上两三根，顶上以胶着物，再抹些香蜜，像钓鱼一般，伸进花树枝里。桐花凤若飞来吃蜜，它就被粘着了。据说，这鸟被关在笼子里，顶多一个月就死了，甚者只可过两三天。在这小鸟不住将头伸出这竹笼子里来，便知它是如何焦躁了。"妾似桐花凤"，的确不错，有美丽的羽毛，又想吃蜜者，可以鉴诸！

武侯祠夺了昭烈庙

到成都的人，都会想起了这两句诗："丞相祠堂何处寻，锦官城外柏森森。"但据此间考据家的考察，现在的武侯祠，实则是昭烈庙。原来的武侯祠已经毁灭，不过后殿有诸葛亮父子的塑像而已，这话我承认。因为我游普通人所谓"武侯祠"，看到那大门上明明写着昭烈祠的匾额了。那么，为什么臣夺君席呢？那就为了"诸葛大名垂宇宙"之故。

这庙的前殿，两廊有蜀国文武臣配享，殿左右也有关张的塑像，正殿左手还有个神龛，供着那个哭祖庙而自杀的刘谌。殿右角却空着，似乎是扶不起的刘阿斗，在这里占一席，而为后人驱逐了。

关于以上两点，我发出很大的感慨，觉得公道存在天地间。凭一时代的权威供着长生禄位牌，终于是会与草木同腐的。王建在这里做过皇帝，他的陵墓当然是好，可是就成了庄田一千年。而现在发掘出来，人家都以为是奇迹了！

夜市一瞥

无意中在两城遇到一回夜市，在一条马路的人行道上，铺了许多地摊，夹街对峙。那菜油灯的微光，照着地摊上的一些新旧杂货与书本，又恍然是北平情调。这虽然万万赶不上北平夜市的热闹，我跑了许多城市，还不见第三处有这作风，恐怕这又是驻防旗人所带来的玩意了。

夜市中最让我惊异的，就是发现有十分之三的地摊，都专卖旧式婴儿帽箍。这种帽箍，是用零碎铜片剪贴，或加以绣花，有狮子头、莲花花瓣等类。不说我们的孩子，就是我的兄弟辈，也没有戴过这种帽子，它早被时代淘汰了。今日今时，在这些地摊上，竟是每处都有千百顶，锦绣成堆，怪乎不怪？于是我料想到这是要卖到农村去的东西，并推想到川西坝子上，农人如何富有，又如何不改保守性。而成都的手工业，积蓄很厚，也不难让他们做些更适用的东西吧？欧洲在闹着人力荒，我们之浪费人力，却随处皆是。

茶　馆

　　北平任何一个十字街口，必有一家油盐杂货铺（兼菜摊）、一家粮食店、一家煤店。而在成都不是这样，是一家很大的茶馆，代替了一切。我们可知蓉城人士之上茶馆，其需要有胜于油盐小菜和煤者。

　　茶馆是可与古董看齐的铺，不怎么高的屋檐，不怎么白的夹壁，不怎么粗的柱子，若是晚间，更加上不怎么亮的灯火（电灯与油灯同）。矮矮的黑木桌子（不是漆的），大大的黄旧竹椅，一切布置的情调是那样的古老。在坐惯了摩登咖啡馆的人，或者会望望然而去之。可是，我们就自绝早到晚间都看到这里椅子上坐着人，各人面前放着一盖碗茶，陶然自得，毫无倦意。有时，茶馆里坐得席无余地，好像一个很大的盛会。其实，各人也不过是对着那一盖碗茶而已。

　　有少数茶馆里，也添有说书或弹唱之类的杂技，但那是因有茶馆而生的，并不是因演杂技而产生茶馆，茶座上依然满坐着茶客可以证明。在这里，对于成都市上之时间充裕，我极端地敬佩与欣慕。苏州茶馆也多，似乎仍有小巫大巫之别。而况苏州人还要加上一个吃点心与五香豆糖果之类，其情况就不同了。

　　一寸光阴一寸金，有时也许会做个例外。

厕所与井

据农业专家说，人粪是中国一项最大的收获。全国粪量，每年至少五千万万斤，若按每百斤粪值法币一元计算，也共值五十万万元。而事实上却数倍不止。粪里含有重要的肥田物质氮、磷酸与加里，是农家的宝物。成都一部分置产者，也许看透了这一点，所以除了家中大概有个积粪的茅坑外，每条街或巷口上，都有一个公厕，以资收获。这在经济上说，是无可非议的，而于公共卫生上，及市容上说，却是这花鸟之国的盛德之累。小学生也知道，苍蝇可以传播许多疾病，而茅坑却是生产苍蝇的大本营。公厕太多，又没有消毒和杀蝇的设备，这是一个可注意的事吧？

其次，我们就联想到井。成都是盆地，到处可以掘井，除了公井外，成都许多人家都有私井。这井与茅坑相隔很近（某外国名字的大旅馆，这里的井与茅坑就相距不过三丈），茅坑里粪水渗透入地下，似乎跟着潜水，有流入井中的可能。这样，热天就极易传染痢疾。我想成都市政当局，绝不会不考虑及此，何以至今还没有加以改良呢？

下次再来成都，我将在厕所与井上，以考察市政进步之程度。

安乐宫

记不起是在哪条街上，经过一座庙，前面庙门敞着，像个旧式商场，后面还有红漆栏杆，围绕着一座大殿。据朋友说，那里供着昭烈祠驱逐出的安乐公刘阿斗，这庙叫安乐宫，前面是囤积居奇的交易所。这太妙了，阿斗的前面也不会有爱国家爱民族的人，他们是应该混合今古在一处的。朋友又说戏台上有一块匾，用着刘禅对司马炎的话"此间乐，不思蜀也"那个典故，题为《此间乐》，我想此匾，切人切事，很好，可是切不得地。请想，把引号里的话，出之囤积商人之口，岂不危乎殆哉？

　　蜀除帝喾之子封侯，公孙述称蜀王，李雄称成都王外，还有三大割据皇帝：刘备、王建、孟知祥，而都不过二传，他们的儿子，刘禅荒淫庸懦自不必说，王衍虽能文而不庸，可是荒淫无耻了，孟昶更是奢侈专家，七宝便壶，名扬千古。因之他们也就同走了一条路，敌人来了就投降。

　　于是，我们下个结论："川地易引不安分之徒来割据，割据之后，就以国防安全感而自满。自满之后，就是不抵抗之灭亡了。"此间乐，其然乎？岂其然乎？

王建玉策

　　在博物馆里，我们看见王建墓里挖掘出来的许多东西，而尤其使我发出感慨的是一排玉策。每条策上的楷书，还算清楚。他儿子"前蜀后主"王衍，"一般的以正统自居，开宗明义，大书大行皇帝"云云。我们可以想到历史上割据四川的人物，向来是无法无天的。

在这里，我们不妨谈谈王建之为人。五代史前蜀世家记着，他是舞阳人，字光图，年轻时以屠牛盗驴贩卖私盐为生，后从军，为对将，黄巢造反长安，他就转进入川，做了西川节度使，唐室不得已而封他为蜀王。唐亡，他就称帝，这个人是一个彻头彻尾的不安分之徒，生之时，享尽荣华，死之后，还有一大番排场，与其说是他八字好，毋宁说是四川地势便宜了他。设若唐代有一条大路通成都，王建恐怕做不了二十八年皇帝。所以据我们书生之见，治蜀还是以交通第一。

川戏《帝王珠》

生平最怕读《元史》，君臣许多铁木耳（或贴木耳、帖睦耳，其音一也），皇后总是弘吉剌。且兄弟叔伯，出入帝位，像走马灯一样，实在记不清。在川戏台上，遇到一出《帝王珠》，被考倒了，一直到现在，无法知道故事的出处。

戏的故事是这样：皇帝率两弟还都，杀文武臣四人，太后原与文人私通，出面干涉，帝当后前杀一人，太后刺激过甚就疯了，皇帝因太后淫荡之态太过，不能堪，就让他的卫将，把太后当场刺死。我们查遍《元史》，并无此事。而懂川戏的人说，那个年轻皇帝就是铁木耳，当是元成祖，但成祖并没杀过太后，而且他的太后弘吉剌，有贤名。只有一点可附会，就是铁木耳死，丞相阿忽台谋奉皇后伯岳吉临朝垂帘听政。铁木侄"爱育黎拔力八达"（仁宗）与海山（武宗）

入朝，杀丞相，并废杀皇后，但这分明不是太后，且与铁木耳无关，和剧情又不同了。

但就戏论，萧克琴扮演老年妇人的心理变态，极好。相信此剧创造者，必有所讽刺。若不出五十年，那就应该是讽刺西太后了。清末，汉人多用金元故事讥讽朝廷，这或者是一例子。

手工艺

物产展览会的手工艺品，真是琳琅满目，美不胜收。这何用说，是好好好！

然而，我有另一个感想，觉得往年的四川保路会，实在给予四川一个莫大的损害。假使川汉铁路成在十年之前，把西洋的机器运入成都平原，以成都工人这一双巧手，这一具灵敏的脑筋，任你飞机上的机件如何复杂，我想，他们绝不会是目无全牛的。

走过昌福馆，看到细致的银器；走过九龙巷，看到美丽的丝绣；同时发现那些工人，并不是我们所理想的纤纤玉手的女工，而是蓬头发、黄面孔、穿了破烂布裓的壮汉。让我想到川西人是相当的"内秀"，不能教他造飞机零件，而让他织被面，实在可惜之至！

虽然经过某街，看到印书匠还在雕刻木版，舍活字版而不用，又感到好玩，手工艺，是成都一个特殊作风。

杨贵妃惜不入蜀

遍成都找不出唐明皇留下的一点遗迹，于是后人疑到天回镇便回去了（镇取名于李白诗"天回玉垒作长安"）。天回镇距成都十四华里，唐明皇至此，岂有不入城之理？事实上，明皇从天宝十五年入蜀，七月至成都。做太上皇之后一年，肃宗至德二年十一月离开成都，在蓉已有一年多了。然而在成都城里，实在不能揣测唐明皇行都之所在。

我这样想：假使杨玉环跟着李三郎入蜀，那情形就当两样，至今定有许多遗迹被人凭吊。试看薛涛，不过是个名伎，还有着一个望江楼，开下好几个茶社。枇杷门巷的口上（尽管是附会）还有一个亭榭拓着薛姑娘的石刻像出卖呢！以杨氏姊妹之名花倾国，正适合成都人士风雅口味，其必有所点缀，自不待言了。

孟知祥之不如孟昶有名，就因为他没有花蕊夫人。在这些地方，你就不能不歌颂女人伟大了。明皇无宫，薛涛有井，此成都之所以为成都也。则其在今日无火药味，何怪焉。

由李冰想到大禹

李冰是四川人最崇拜的一个人，其功虽大，有时也许过神其说。若以治水而论，我想一切不必是李氏的发明，一部分当是承袭古法，这我有个依据。《华阳国志》记望帝之事说："其人开明，决玉垒以除水害。"玉垒便是离堆的主峰，李冰凿离堆以成内江，岂不是先有了开明为之在前吗？又李氏治水，有"遇弯截角，逢正抽心"八字诀。我们看了大禹治水，也不外乎此。黄河由北而南，阻于龙门，禹凿龙门以通河，这又是凿离堆以前的方法了。

大禹这个人，我们自不必认他是"一条虫"，那太离奇了；但亦不必断定硬有这个人。可是上古的水患，各诸侯之国曾自为治理，而又经过一个人更系统地修一下，或者去事实不远。假如这个假定可以成立，这个人就是大禹了（虽然他不一定叫大禹）。既然有人在李冰之先，大治过水，那么，李冰有所取法乎前人，那也是必然之事。

此外，我们又有所引申，李冰治成都之水，父启子继，费了许多时候。禹治全国之水，却只九年，应当是不可能。所以《禹贡》一篇，我们可以用孟轲之言，"尽信书，则不如无书"。

（原载《新民报》一九四三年四月，原题《蓉行杂感》）

赵治华：
我想要说西南是世外桃源的话，那便是成都了

讲述人生平不详。

来成都后，已匆匆两年了。尽是在这山国里过着多雾的生活，跑崎岖不平的路到这四围有几百里平原的成都，心理上充满着闲散的感觉，像在故乡一样。我们跑起路来，是不需要留心的，没有崎岖的山石和低洼的沟坑，只是一片平阳之地，强调着温软的江南风味。我想要说西南是世外桃源的话，那便是成都了。

成都是被群山包围着，中间一块大盆地，气候很好，春秋两季，不必说是和暖的，就是冬天，也不十分冷。每年冬天，故乡必得下雪结冰，此间就是下霜也是少见的，穿薄薄的棉袍或是一袭夹大衣，便能过冬了。夏天并不酷热，虽得达到三十多度，除白天比较炎热之外，晚上却很凉快，到半夜里还得覆上被盖呢。我们来这里已经两年，从未感觉到气候失调，其美中不足之处，就是成都冬天阳光太少，使人发生沉郁灰暗之感。人家说四川人性情偏激，好出乱子，

这固然是山性使人寒智，目光浅狭，但气候的沉郁，也不无关系吧！

在地理上，成都得天独厚，有到过北平的人说，成都有些像北平。北平我未到过，我不知道，不过，成都我总认为是很不差的，和江南的苏州有相同的印象，比较苏州稍微硬性些，这自然要从生活上说起了。

首说成都的吃，吃的方面，成都可说是很有名的，所谓川菜，在国内每一个通都大邑，皆有川菜馆子。这就是说，川菜是必须有其特点，方能独树一帜，而川菜的正宗，就在成都。最享盛名的馆子，是在南大街的哥哥传，它的主人姓黄，曾在清宫当御厨的。他拿手菜，是有名的姑姑筵，五年前每一席的代价，就要五百元，现在当然更贵了。可惜它的主人已于四年前去世，已失真传。另外与哥哥传有关系的一家，这家菜馆名曰不醉无归小酒家，是哥哥传的女家，亦很有名。我那年婚后请酒，便在这不醉无归小酒家办席，菜肴微辣而另有风味，与故乡的腻和油完全不同，另有下饭的泡菜，当吃酒完毕后，有盐渍的辣椒、萝卜、长豇豆等等好几种。在成都，富家们家里自备着几十样泡菜，在宴会时端出来，他们的泡菜，红的、绿的、黄的、白的，各样美不胜收，着实刺激着我们的食欲。

普通的和小一点的川菜馆，很多是出售冷的小菜的，一般四川人他们吃饭，菜是很马虎的，而且这种馆子，我总嫌辣味太重，不敢领教。

除前两家有名的川菜馆外，近来，陆陆续续开着好几爿外乡菜馆，春熙西路的大三元是广东味，状元楼、涨秋是苏菜，涨秋兼辟西菜部，明湖春、老乡亲一条龙是北方馆。其次湖广馆街的一三九上海菜饭馆，也很出名。以上是大的馆子，另有一技之长的，却也很出风头，西御美街的邱佛子，出名的是豆花饭、清炖牛肉，红烧牛肉价廉物美，它的营业时间有一定的，自上午九时起开始，午后停止营业一小时，整理碗碟菜肴和清洁餐桌地板，下午五时以后，便停止营业了。此间的本地馆子，开始营业时，挂出一块"开堂"的黑漆小木牌，表明已有食物出售，菜肴卖完或停止营业，把牌子一翻，翻出一个"毕"字来。这有和无的说明，耐人寻味。

点心小吃方面，有荔枝巷的水饺子，西顺城街的吴抄手（主人姓吴，抄手类，江浙方面的小馄饨）、春熙路的五芳斋、春熙西路的赖汤圆，这都是成都人口头上念念不忘的。

成都人的日常饮食，照我看来很特别，一日三餐，依故乡的习惯，早晚二餐是随便些，午餐是比较像样。成都却相反，他们的早餐是一天中最好的一餐，有鱼，有肉，有好的小菜，统统在早上享受，他们在早上必须饱餐一顿，中午吃吃早上的剩余，晚上只吃些稀饭或点心而已。

因为雨水调匀，出产蔬菜颇多，青菜、白菜、卷心菜、韭菜，举凡故乡所有，成都可谓无不具备。但是鱼虾是少的，鱼类仅有鲫鱼、鲤鱼两种，别的鱼简直看不到，虾蟹几乎没有，原因是川江水流湍急，水族难于生息，下江人在此，难免有三月不知腥味之苦。

肉类很普遍。猪肉、牛肉、羊肉都有，但成都人对于肉的享受，似乎不普遍。我们那里叫当荤，四川人叫"打牙祭"。这个规矩，行之于劳工阶级、普通店员，大概十天一次，或半月一次。每人规定半斤肉不能少，别的日子，便只好吃些蔬菜了。

衣的方面，成都人服装是普通的，特别的就是他们欢喜把三五尺长的白布缠头，像上海印度巡捕一般，不过没有印度巡捕绕得厚。成都人叫这缠头布曰"帕子"。据说因为四川湿气太重，作为保护头部用的，又一说法，前人因诸葛亮死后，缠白是志哀的意思，以后便相沿成习了。他们还喜欢赤着脚穿草鞋，但长衫是必须要穿的。一个典型的成都人或四川人，我们可以说他头上绕着白布，淡黄脸色，衔着叶子烟，身穿长衫，足蹬草鞋而瘦小。

说到住呢？成都，它是一个历史上的都市，比较四川任何一个城市来得整齐，住的方面自然是够舒服的。在少城一带，有着不少考究的公馆，亭榭楼阁，花木池沼，真是兼擅园林之胜，在公馆门口一个年老的司阍和一只美丽的鹦鹉，总是有的。鸽子是象征和平，未知鹦鹉是代表什么？我看到这老门人，这鹦鹉，总觉得自然有恬淡和平的气氛，不像跑到机关里那个年轻的门房会对你呵斥一般。这恐怕还是旧时的遗风呀！

少城，这优美的住宅区，是清朝时代旗人所占据的，现在有的公馆恐还是这族人继续住下去，然而再也听不到说旗人的了。

一般成都人的住宅，大体上还是可以的，不像重庆及其他城市，房子是随着山地而高下，重庆有的房子，下面用长木头揽撑在山石上，看着很危险。成都地面平坦，房子自然尽可造得整齐些。

这里的旅馆，纯阳别墅、春熙大饭店、青年会、成都饭店都是第一流的；小的旅舍呢，简陋得很，电灯也没有，大门上挂着白纸糊的方角灯，写着"某某客栈"，旁面一副对联似的"未晚先投宿；鸡鸣早看天"或"天明也，君行也"一类的句子，古风盎然。

成都的行也太好了，不论宽的马路，狭的小巷，多数是三合土构成，路面平整，尘灰很少，马路旁边的行人道每隔相当距离，栽着树荫，但不是法国梧桐，而是普通的树，其中有梧桐，有槐树，也有杨柳，有的树已是几丈高的老树了。虽无整齐的观瞻，但高矮错杂，亦成自然之美，在行人道上徐步，听树上鸟鸣，不想身在都市中，号称天堂的苏杭，依我观察怕比不上成都，像苏州，把洗马桶的水都倾倒在街道上，简直太肮脏了。生活的美化，别的不说，清洁是第一，否则一切便谈不上。

这儿的街道，都呈十字形，每一条街的转角，有街名牌示，所以认路很方便，其路政之所以有这样现状，是以前杨森驻防时大刀阔斧硬干的成绩。

最热闹的市区是春熙路，有商务、中华、世界三大书局的分店，青年会、百货公司、餐馆、大旅社，一切都是近代化，春熙路可谓已失去它的本来面目，而被战时的繁荣兴起来了。可是状元街专售木器，提督街是衣庄，暑袜街卖疋头，绝阳馆街都是鞋子，这一切又是成都的特点了。

较次是东大街，西药行都集中在这条街上。晚上有夜市，每当华灯初上，小贩们便把货品在行人道上和街上两旁陈列起来，有自来水笔、古玩、皮夹、袜子、书籍等，花样很多，新旧不一，大概九点钟以后便陆续收歇。

这里的洗澡,真够舒服,全城有好几十家大小的浴堂,旅馆附设浴室也有,浴堂一律白磁盆,冷热水开关,每一房间一只盆,还有沙发茶几,冬天生起炭盆来,比家乡江南洗那大池卫生多了。

女子浴室也很多,有的浴室划成男女两部,也有擦背的,这是成都女人生活上舒服之处。

医院呢,除美国人开办的仁济医院之外,还有不少私人医室和医院。仁济医院在四圣寺街,规模宏大,各科手术照射都完备,现在名义上改名为三大学(中央华西齐鲁)联合医院,一方面供给医科学生实习,成都牙医特别多,有人说,成都有三多,耗子多,茶馆多,牙医多。的确,我们只要看,差不多每一条街上都有牙医和每条街上有几家茶馆一样。成都茶馆之多,可称全国第一,男人女人,他们把生活悠闲地消磨在茶馆里,一边下棋,一边嗑着瓜子咧,花生咧,老年人衔着长烟管,抽的是本地叶子烟,叶子烟味刺激性太重,如果你不喜欢,跑堂的会给你吸水烟,他燃着纸捻把装好的烟,很殷勤地送到你嘴边,你要抽烟,只要一开口之劳了。

茶铺的座位,是高背的矮竹凳,考究一点的是藤椅。泡茶不用壶,用有盖的茶碗,碗底下有铜座,就我跑过的茶馆而论,总吃不着像故乡那样清冽的雨前。近来中国茶叶公司在成都设了分公司,可吃些好茶了。

少城公园是此间唯一的民众娱乐场所,有运动场、陈列馆、动物园、电影院,还设几处茶厅,人们闲着,便往少城公园去,成天挤着游人。城外也有几处游散地，南门外的望江楼、薛涛井。薛涛是唐代名伎，住成都百花潭，自制松花纸和深红小彩笺，与元稹、白居易、杜牧等诗人常相唱和，她做的笺就叫作薛涛笺。这笺的制造，是汲取井水，故有薛涛井之名。武侯祠也在城南，离城一里许，寺后青松古柏，隐然是一个大丛林的气势。杜工部诗：

> 丞相祠堂何处寻，锦官城外柏森森。
> 映阶碧草自春色，隔叶黄鹂空好音。
> 三顾频烦天下计，两朝开济老臣心。
> 出师未捷身先死，长使英雄泪满襟。

在一千年后的今日，武侯祠的风度依然，历史的轮回，再隔千年，还能否让后人来凭吊鞠躬尽瘁死而后已的贤者呢？

草堂寺、青羊宫在城西，前者为杜工部读书处，后者系道家丛林，屋宇深邃，但总不免有荒芜之感，除非你有历史的兴趣，否则是不会来跑一趟的。

成都的学校，大学中战前有四校、华西两校，战后迁来的有中央牙医专科学校、金陵大学、金陵女大、齐鲁大学四校。四川大学是四川省的最高学府，有文法农工学院，文法学院的校址在成都城内皇城中，相传皇城就是三国时刘备的皇宫，农工学院是新建筑，在望江楼附近，学舍颇好。

华西、中央、金陵几校，都在城南华西坝，提起华西坝，成都人可谓无人不晓，谁个不知，这是神圣的大学区。战前华大就创办在此，已有三十几年历史，华大是教会学校，牙科是全国有名的，校址非常宏大，有十余幢大建筑。金大、齐鲁、金女大学迁来之后，便假华大的校舍开课了。因为几校聚集在一处，而教会学校的学生，又是神气十足的，华西坝一带，于是随处充满了青春的活跃。研究会、歌咏队、话剧团、体育会，便都是他们活动的中心。他们中间本地人很少，多数都是远离故乡从数千里之外来的。

春天到了，宽敞的路旁，杨柳婆娑，浅浅的草坪上，徜徉着一对对的青年男女，啊！这便是富有诗意的华西坝，迷人的华西坝啊！

市内中小学教育很发达，不过成都乡村教育太落后了。过去军阀专横，农民生活之痛苦，难以形容，事变之前，四川多数县份，田赋已征至民国七十余年，老百姓就是维持生存也困难，教育还谈得到吗？

因为成都土壤肥沃，农民耕作非常省力，水利方面，有随时可以启闭的都江堰。这条水源，使成都邻近十四县的农田，能得最充足的灌溉。江都是岷江上游水流的总汇，水势湍急，由都江堰分十三条交流，每年种稻之前开堰，水便分别流到各县去。在这成都盆地之内，每一方田旁边，总有经年不息的小流，你想农民在灌溉上有了办法，种田还不是很省事吗？成都又名蓉城，芙蓉花我几乎未见到，这儿的蜀锦，确实很出名，蜀锦完全是手工业，由木机上织成的，最适合做被面，城内有好几家专售被面的铺子，有的标起被面大王的招牌,被面的刺绣和图案的确是太好了。

末了,这西南的古老的城市,事变以后,被时代的巨浪冲击着,它的一切已开始急剧地变化了,我们期望着它的新生。

(原载《一般》一九四四年第一期,原题《成都杂记》)

牧 人：
我想起了成都，时常念及成都的一切

> 讲述人生平不详。

我时常念及成都。

虽然在民国二十六年我就到了重庆和自流井，但我第一天到成都却只是在三年之前；几年来的梦想到了那时才能实现，尤其容易感到它的美丽、舒适。

那时为了想弄一个农场在成都，我由昆明搭 CATC 的飞机直航成都，洛克希德式的运输机飞行很快，虽然战时的机位不容易有，同时也没有战前的舒适，但较之取道泸州或重庆的公路，是便宜而又安适得多了。

记得我们飞机到达时正是一个阴雨的天气，虽已深秋，但并没有像在昆明时想象的那样冷，从凤凰山机场搭车到航空公司，取了行李，赶到骡马市中旅招待所，已是客满，好在老友周医生住在那里，我就暂搬在他房里住，等到他返到卧室来时，看见我正睡在他的床上，正骇了他一跳。

那时该所的经理是刘君，襄理是邵君，都是熟人，我在那里一住就是三个月，后来蓉村的场屋盖好以后，我才搬到场上住。

成都的中旅招待所并不是在热闹地区，它位置在西北门，一座改建的西式楼房，里面住的都是他乡来的远客，在那里遇见了徐士浩大律师、汤恩伯将军，可惜那里房间不多，时常有"客满"的牌子放在柜台上，内地的旅馆，尤其在成都，数字上并不可算少，可惜管理太不会改良，这无怪大家要找招待所了——同时各都市的招待所这名词也愈来愈多了。

倘你喜欢住在一个安静的都市里的话，成都这都市无疑也可成为他选择目标之一。

望江楼、薛涛井、草堂祠、武侯祠等等说不尽的古迹，附近灌县、青城、峨眉等等的名胜，在古今文人的笔下，不知有多少记载，在此不赘。

成都的几条大街都相当宽，这城也相当大，最热闹的区域是春熙路商业场一带，新式的百货公司、酒楼戏院，多集中在这一带，成都的电影院似乎比昆明重庆都多，小吃馆是本来有名的，最有名的是"吴抄手"，和赖汤圆。

这都市的人力车不少，分两种：一种跑长途，往往是像驿站那样换班的，一天可跑八九十里，城市里的洋车索价也比重庆或昆明便宜得多。

这里的饭馆取名多很特别，有一家叫口叩品的馆子，另有一家叫不醉无归小酒家，还有许多可惜记不起来了！

使我最怀念的却是我们牧场附近的华西坝。

华西坝在成都的南郊，三四十年前原是一带田亩，现在却成了学术中心有名的"坝子"了，"坝子"里建筑着东方宫殿式的校舍、图书室，一幢一幢地排列着，大草地那边有西式的小洋房，是教授们的宿舍，还有建筑雄伟的钟楼矗立在鸳鸯湖畔。

鸳鸯湖、断魂桥，这些香艳的字词，顾名思义倘你处身其间，滋味也可概见。

在一个岁将暮矣的教师节，我曾骑一辆三轮送货车在大雪纷飞下，骑过神学院那边的一条狭道，穿过两岸柳树的大道，去访问在寒假中的华西坝。

那里偶然仍有几个男女学生在散步，可不是像去上课的那样紧张，也不是寒鸟觅食般的在苦斗。这里是白雪盖没了屋檐，大操场上一片荒凉，原来在踢球的人，去烤火了，原来时常点缀在场上的几头奶牛也关进了牛棚，一切令人觉得清凉、安逸，明年该是一个丰年！

我们也曾在前坝的街中踯躅过，我们曾在后坝的河旁坐过，那里的风景，似乎在上海是没有的。——在燃放胜利爆竹的时候，我刚在成都割去了盲肠，在参加胜利大游行以后几天，我飞去了昆明，又从那里飞来了上海，人事纷纷，在这紧张的上海生活下，我想起了成都，时常念及成都的一切。

（原载《旅行杂志》一九四六年二十卷四期，原题《念成都》）

朱偰：
成都百花潭，与峨眉龙池，堪称名湖

朱偰（1907—1968），浙江海盐人，中国著名经济学家和历史学家。著有《金陵古迹名胜影集》《玄奘西游记》等。

水逝星飞不可留，美人名士各千秋。

百花潭水沧浪在，胜似江南有莫愁。

巴蜀多山，少有巨浸。以余游骖所及，仅成都百花潭，与峨眉龙池，堪称名湖。百花潭之所以知名，一以少陵草堂，即在潭上，杜诗所谓"万里桥西一草堂，百花潭水即沧浪"。诗圣千古之宅，驰名宇内久矣。一以女诗人薛涛，尝居浣花溪（即百花潭），浣花人多造十色笺，涛则模松花笺，一时纸贵，价重洛阳，时谓之薛涛笺。美人名士，各有千秋，此余之所取谓"胜似江南有莫愁"也。至潭之所以得名，则由于冀国夫人任氏。相传夫人微时，以四月十九日见一僧坠污渠，为濯其衣，顷刻百花满潭，因名曰百花潭。按蜀志补遗：浣花溪有石刻浣花夫人像，三月三日为夫人生辰，倾城出游。

至浣花夫人何以能深入人心，则亦自有其不朽之事业在。成都记云："夫人姓任氏，崔宁之妾。按通鉴成都节度使崔旰入朝，杨子琳乘虚突入成都，旰妾任氏出家财募兵，得数千，自帅以击之，子琳败走。朝廷加旰尚书，赐名宁，任氏封夫人也。"故成都每岁花会，倾城出游，浣花两岸，珠翠夹道，笙歌书舫，极一时之盛。田况诗所谓"十里绮罗青盖密，万家歌吹绿杨垂"是也。

风景素描

百花潭之风景，亦有可述者：出成都西门，由浣花溪而上，两岸青林垂影，楼台掩映。愈行而西，出郭愈远，水色愈澄，溪流愈碧；而潺湲之声，不绝于耳，盖即百花潭矣。少陵《卜居》诗云："浣花溪水水西头，主人为卜林塘幽。已知出郭少尘事，更有澄江消客愁。"盖风景清幽，能步步引人入胜，当年少陵之独卜居于此者，非无因也。

工部草堂

过百花潭而西，遥望一带长林，翳云戛日，盖即工部草堂矣。尝读少陵诗："竹寒沙碧浣花溪，橘刺藤梢咫尺迷。过客径须愁出入，居人不自解东西。"躬临其境，始知描摹入神。折而西，为草堂寺，古柏参天，绿荫匝地。左折为浣花祠，祀冀国夫人。再西为草堂,过小桥曲水,即少陵先生祠,以放翁及山谷配享。庭前四松亭亭,楠梓依然,而翠竹吟风,桤林碍日,一草一木,各有千秋。"读诗三十载,始上先生堂",瞻仰遗风,低徊无已。缅怀天宝末事,不禁感慨系之矣。

(原载《旅行杂志》一九四六年第二十卷第十二期)

沈绳武：
一到成都就会感觉到它的风味有点像北平，也有点像江南

讲述人生平不详。

走遍了南北各地的人，一到成都就会感觉到它的风味有点像北平，也有点像江南。如果能租到一点大户人家的堂皇的房子住住的话，一个外乡人更会感到此地堪留了。

除了冬日少出太阳叫人觉得有点美中不足外，气候是不十分讨厌的，冬季也不太冷，夏季也不太热，即或夏季里有几天忽然酷热起来，但到了夜晚必又复降低热度了。

成都的吃食，是非常有名的。本地人家，十有八九，男女都长于做几样菜，就是顺便端出几样咸菜、泡菜来款待外乡客，已足令他们连呼美味了。名府的烹调，精美更不可言，不必说在外乡的川菜馆必须打起成都的招牌，就连在重庆的本地馆子，亦必标明了"成都菜"以资号召。

不特菜肴，就是小吃，如面食、甜食之类，也一样叫人喜爱。

有一家有几十年历史的汤圆店叫作"赖汤圆",可以说和刘湘等人物一样的著名。

成都人日常吃食,也是一日三餐,不过与别处不同者是极注重早晨的一餐,不像江浙一带住家的人早上随便买两块烧饼或油条吃了就完事。他们的早餐必须吃干饭,而且弄得几样新鲜的菜以佐膳。晚上,许多人家吃得很迟,往往在八九点钟时,还听得有些人家所传出的炒菜声音。

衣的方面,成都人穿得都很朴素。有一个特点,就是喜欢在头上缠一条白包头布,不过上流社会中人早不如此了,而一般人的这一个习惯近来也改变不少,只有在乡下还依然这样。不分阶级的穿用物,大多数是草鞋,尤其到了天热的时候的穿着很讲究,"斯文"人物,脚上常常蹈的就是草鞋。草鞋上往往还点缀着五色缤纷的绒球。

茶馆是成都街市中特色之一,平均恐不止一条街一家茶馆,成都的茶馆就仅仅卖茶,不像上海、苏州等地的茶馆里可以吃到点心,所以花费不多,但茶客们总懂得一个规矩,那即是先坐在茶馆中者,必为后到的熟人付茶账,茶馆里的座位都很舒适,矮台子,配上可躺的靠椅,很能吸引人的。无数的人,可以说在茶馆里至少过了半生。

茶馆多,连带着厕所也多。抗战初期到了成都的外乡人,可以看到一条街上有好几处茅房,稍后数年,市政当局约束下令封闭了许多,可算是卫生方面的德政之一。

至于名胜，有望江楼、薛涛井、武侯祠、草堂寺、青羊宫等，到了这种地方，都能令人发思古之幽情。

　　风景最好的地方，要算是华西坝了。这里是大学区，也是洋人和高等华人区，最精美的西式建筑都在这里。战前这儿只有华西大学一校，抗战军兴，迁到此地来的有金陵及金陵女大、齐鲁、中央牙科、燕京等校；在这期间，另成立了一个四川大学。胜利后，各外来的大学都复员迁回原处，华西坝不免要冷清多了吧！

　　　　　　（原载《新学生》一九四七年第二期，原题《闲话成都》）

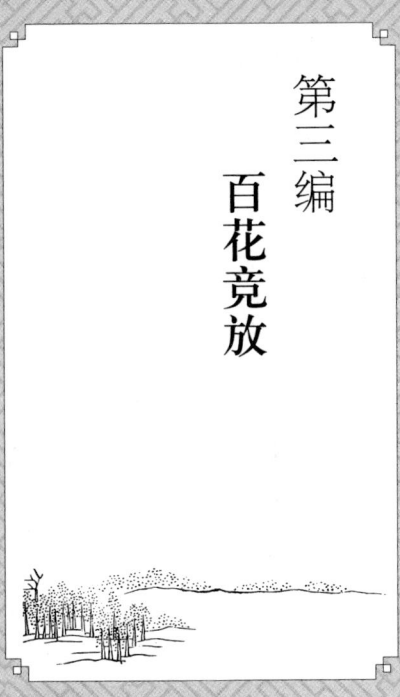

第三编 百花竞放

遗　民：
西南的文化城，文化就是这样糟糕

讲述人生平不详。

成都号称为西南的文化城，古天府——而今却成了地狱——的省会，在一般人看来，这里的文化一定是可观的，然而事实告诉我们，军阀们要购飞机大炮；贪官污吏们要修洋房、讨姨太太，哪里还愿意拿一笔经费来提倡文化事业？！所以这里的教育是闹得一塌糊涂，学校天天都有关门的可能。中小学校的教员，每学期很难领到三月的薪金，可是每年到寒暑假的时候，教育界的人就开始争夺。成都有句俗语，就是教育界的"六腊之战"——稍有力量的就奔走权门运动校长这个位置，因为当一次校长，就等于做了一次官，虽然教育经费并不充裕，但是他们自然有拿钱的办法；其余的就是成千成万的教员，在校长发表以后，他们就开始活动。于是这些新任校长，受着多数人的包围，只好对关系较好的人送一张聘书，每周给一点或两钟的课来应酬，虽然普通的中小学校，以至于私立的专门学校，每小时仅有一毛或两三毛的代价。但在这些要钱吃饭的教员,也很乐意干的,真是太可怜了。

成都的教育只见着他们这一群一群教员互相争夺的利害,而没有见到教育的效力,所以今年全川中学会考,成都很多学校是一名及格的都没有,甚至最著名的中学,会考及格的毕业生也未过半数。

除了学校而外,其他有关文化兴衰的,当然要算报纸。成都的报纸最老的是《国民公报》,此外共有《川报》《新新新闻》《快报》《国民日报》《华西日报》《建设日报》《社会日报》《明是日报》《时事夜报》《大同晚报》等,消息的来源国内外靠着广播电台的消息,省内则剪各县的报纸,很少有特约通讯员的。

成都的报纸很少社论,有,都是由《大公报》或《申报》上剪下来的,有时两种报纸的社论会是一字不改的一样文章,至于副刊,过去多半登了些雀儿、月儿、妹妹我爱你的诗文。现在他们知道这些肉麻的文字,得不到多数人的同情,于是改变方针,一剪刀一剪刀地由上海的小报剪来塞自己副刊的地面——这样做的虽不完全一样,也占十分之七八——现在他们更聪明了,要想赚钱更不惜降低自己的报格,刊登一些诲淫诲盗的小说——如《明是日报》所载的《飞霞剑》《飞镖传》《假慈悲》等——因为要想迎合低级趣味,把报纸所负的责任抛到九霄云外去了,这是多么罪过,多么可耻的事情!

至于成都的文人几无从说起,现在只有《快报》同《建设日报》的一批执笔者,在黄某领导之下大出风头,因为他们都想成名,于是大家约定在副刊上作笔战，骂去骂来可不成话了，太近于下流，结果不但没有成名，反给社会上一般人一种不良的印象，这条路走不通只好另辟新径，于是改变了"骂"的方针为"捧"。

在今年夏天游泳淹死了青年诗人蓼子，这是他们的机会到了，于是一连在《快报晚刊》出了几天的特刊来追悼，把这位死去的蓼子捧上三十三天——面子上是在捧死人，其实就是在捧自己——甚至印刷局里的一位既不能文又没有读过书的刻字工人，也拉来作了一篇洋洋洒洒的追悼文。

总之，这一些文人他们处处在找寻机会成名，一点不顾虑自己的实际，这是多么痛心的事！

西南的文化城，文化就是这样糟糕！

一九三四年九月七日于成都

（原载《十日谈》一九三四年第四十一期，原题《成都的文化》）

探　马：
通俗文学运动不但在成都迅速地展开了，而且即将有"强化"的形势

讲述人生平不详。

直到现在，成都的文艺之作者才开始对通俗文学的力量吃惊起来，准备大举在这方面努力了。虽然尚在准备中，究竟是可喜的现象。

我想谈谈关于这种运动的一些事情，可惜没有太足够的材料：一因还没有大量的作品产生，二因还没有完整的理论建立起来。即使是全国那么多林林总总的刊物上也少见得很。除了以前上海版的《救亡日报》有过一些零碎的讨论和作品外，专门出产和研究通俗作品的刊物简直没有。我所见过的比较具体些的是艾芜先生去年写的一篇《通俗文学运动》，在我们正作这方面的努力时，听说他要回川了，很想找他写点"样张"出来，但他却并没有回来。

说起成都的通俗文学运动的发生和发展，首先有个声明："运动"是最近许多文艺工作者一致这样吼才形成的。去年卢沟桥事件以后，

有少数人开始做这种努力，不过是一种尝试；同时，更因为他们多半是负有抗敌宣传的任务的，完全是为了自己"下乡宣传"的便利，实在并没有什么先见之明，知道通俗文学的行市要涨价，才来嚷嚷。据我想，他们不过是给成都文艺界作一番"探马"工作而已，我也是探马之一，现在就来"报道"吧。

如上述，当时做这种努力的救亡工作者，既然只有一种直觉，所以，没有在理论方面多多用功夫，技术上也没有十分讲求，更没有同"纯文艺"界的朋友们发生联系。成都的一切都进步得迟缓，那时的文艺界还有人辩论"国防文学"。——国防文学的理论和作品开始有力量只是最近的事——这些救亡工作者每周星期日下乡一次，每次都至少要编用一种通俗的宣传品。最有成绩的是七个字一句的"韵文"，这些以天气、慨叹——（例如"九月秋风天气凉""自从盘古天地分"）各种方式开头的东西，渐渐才代替了"同胞们：卢沟桥的炮声响了"的小传单。墙报也采取了这种方式。当然，这些作品只有个雏形，技术也不圆熟，我们最初的估计也许只能和大众的口味相合罢了！想不到收得的效果却出乎意外。那些年青农民们，小场镇的买卖人，接过手就晓得："啊，看新文，战事新文！"有的辗转传观，有的则朗诵给周围的人听。诵毕，又把它粘贴在壁间，和《春牛图》一块儿。这种作品的形式也是传单模样的，分油印、铅印两种，我对于这两种形式都不满意。因它无"民间味"，油印的字迹模糊，铅印对于那些人更是一种威胁，因它过于"正派"了，字迹太端正了。——充满封建意识的乡下人要叫他骤然接受一种代表近代文明的东西，也使他有点格格不入。在四川民间通俗读物的形式，完全是小册子，版子是木刻的，因为木刻很费事，聪明的刊字工人就自己定规了无数特殊的非十八帖所有的"简体字"（想必广州的字架子没有这些简字，刻起来麻烦，恕不引证了），那些看惯了这种读物的群众，久而久之，都熟悉了每一个那种特殊的简字。一点使我们大费踌躇了：因袭他们那种错误的然而是习惯了的简字呢，还是逐渐加以改正？但是，你所改正的字却使多少人一时都不懂得它的涵义，在这儿，我们觉出教育当局的马虎了，他们早该利用那些东西来推行民众教育，要是早有基础，今日救起亡来也要快些。我们终于采取了"仍旧"的办法，虽是错误，不得已了，又在稍后的一个时期，我们才慢慢着手改正很少的字。

以上是成都通俗文学作品的尝试时期的一点小收获，但也就坚定了我们这少数人的信心。

然而，这最初的尝试却有个最大的缺点：没有尽量利用旧的形式。虽则我们的"新文"易懂，然而，"面孔"却太不使大众爱恋。说句笑话，那些以废报纸作封面、土纸来印刷、松烟当油墨、木刻代铅字钉的小册子好比黄脸婆，粗头蓬服，大众对它已是"熟脸貌"，很容易接近；我们的"新文"呢，油印和铅印的传单，倒有点类似城里的娘们儿，打打扮扮的，有些闺秀气，大众觉得自己太粗糙了，总是兢兢业业地同她晤面。但我们不能忘记，这其间又有一支人马斜刺里杀将出来做这种努力，他们乃是从不为文坛人士注意的"清音业者"。所谓"清音业",就是包括"清唱""说书""打金钱板"等等职业的组合。原来四川成立省抗敌后援会后,各行业都奉令成立了支会。清音业这一支的人还不明白他们自己的力量,不知什么人点醒了他们,他们作了许多"金钱板"一类的时事唱词给省抗会,当然啰,官场对于一切都是敷衍了事的,对于这些东西便一笑置之,也不删改来用。这,并未使他们灰心(一方面也为了趋时、营利)。他们先后刊行了三种木刻小册子,每册约两千字上下,有一册是"抗敌新文:《上海大战》",有一册是"汉奸新文:《枪毙李服膺》",每册不过售铜板两枚(不到两分钱),销路不知如何。他们发行这些小册子的时候,是要呈经警察局批准的。

以后他们就没有继续出了。原因是:一、成本贵,每册需花费一二十元;二、销路疲,出版一种动以万册计。所以,他们刻了一副版子,总是翻了又翻,直到翻印成"历史的陈迹"才休。由于这种缘故,成都一二十个这种出版家,总不肯轻易刻一副版子,老是"炒陈饭"。发行"时事新文"的仅有一家,抗战半年多才出三册,还在嚷赔本。要是官方把那些巨额的宣传费每月提一点儿出来干(即使是四五十元吧,也可出两三种了),四川动员民众的工作恐怕早就大有可观了。

这以后,去年冬有一个小型的通俗日刊(《锦江新闻》)出版,内容比较更宽泛,有小曲,有演义,有山歌、韵文,有故事,可惜出版不过一月就亡之命也夫,因为他们没有钱,写作的人又只有两三个。

还有从事于这种工作的另外一种人才也是值得注意的。这就是直接把那些作品读，或诵，或唱给大众听的人，在成都，有一部分学生是有这种特长的。然而人数不多。他们还能自编自唱。使他们这样做的，也是从实际工作的教训中得来。譬如到一个村镇上吧，他们往往把那些卖打药的、演魔术的观众吹散了，很快地就团结到自己的周围，常常把听众唱得哈哈大笑。后来，一发现他们才是宣传队员时，就不禁敬佩得很，我们常是利用唱诵以后使群众愉快了的机会，再散发我们的原文，群众于是乎又多一点回味。

现在，成都文艺界的朋友们普遍地认清了通俗文学作品在动员民众中的价值了，将要成立的成都文艺界抗敌协会就有发行通俗刊物、通俗壁报、通俗小册子、通俗巡回图书馆等种种计划。四月五日还有一个通俗的小型三日刊出。所以，通俗文学运动不但在成都迅速地展开了，而且即将有"强化"的形势。不久之后，一定有个灿烂光辉的局面。

正文既毕，纸有余白，让我再加上一个不必要的尾巴：

一、希望从事这种工作的朋友，日常与群众接近，先学会他们的语汇；

二、希望采用地方性最重要的形式，例如四川的小册子；

三、养成大批的工作者，能够演述、唱诵这些作品；

四、与从事这个职业的那些跑江湖的男女，取得联络，教他们唱；

五、深入到各种阶层的群众中间，建立辗转传述的机构，对儿童用歌谣,对妇女用唱词,对工人用小曲……

三月二十二日于成都

(原载《文艺阵地》一九三八年第一卷第四期,

原题《成都的通俗文学运动》)

扬　波：
这次展览会不但使敬仰鲁迅先生的人，更觉出他的伟大，而且还使更多的人认识了鲁迅先生

讲述人生平不详。

时　间　一九三九年十月十九日至十月二十二日
地　点　四川成都少城公园市立图书馆阅报室
举办者　鲁迅先生逝世三周年成都市文化界纪念大会
负责者　文协成都分会、木协成都分会

会　场

　　借作会场的市图书馆，位置在楠木丛中，非常幽静。馆外是正开着运动大会的运动场，又非常热闹。这环境有一个参观者描写得很好：

　　　　外边是萧索的秋风，有时响着赛球的欢呼。屋里的桌上是先生严肃的像和无声的著述。我见过北国的风沙。我怀想长眠在源滨的巨人，不是几个字所能表达出的。

——一个空军学生

进公园到左手，可以望见在绿荫覆盖下的市立图书馆大门口，悬着一幅精彩刺目的横旗，写着"鲁迅先生逝世三周年成都市文化界纪念大会"。视线通过底下，直到第二道门口，白布烘托着"展览会"三个大红字，左手边还有一个直条的"鲁迅先生纪念展览会在此"。其余左右两边，是五颜六色的鲁迅先生的警语和纪念宣言。而中间是两条整天交织着的人流。

在二门内左手边一间狭长类似教室的屋子，就是展览室，室中是四张相连的长餐桌。进门站在签名处，我们可将桌上的一眼望尽：在桌的那边尽头，一幅鲁迅先生巨大的半身画像，他严肃地注视着。像前是一部整齐的《鲁迅全集》直立着。当中白瓷瓶上一束鲜花，接着鲜花瓶，平搁着用像匣装好的，鲁迅先生民国十四年四月在北平给赵其文先生信函的遗墨。接连铺满那张餐桌的又是一部翻开了的《鲁迅全集》，有图，有照片，有目录，有文字，有题字。挨着的第二张桌上，是鲁迅先生逝世后中外各刊物杂志纪念特辑。在第三张桌上，是装订印刷极精美的《海上述林》《苏联版画集》《死魂灵一百图》等名贵书籍，第四张桌上是鲁迅先生编订、校阅和译著的各种不同的版本，桌中又是鲁迅先生给赵其文先生的遗墨。

四面墙壁上贴了两百多幅木刻，成都十九日各报纪念特辑、纪念宣言和用核桃般大字摘录的《鲁迅先生关于木刻的话》《鲁迅全集总目》和《鲁迅译著目续编》。

当进口的斜对角的一道门是出口,那儿桌上放着簿子、铅笔和文协成都分会出版的《笔阵》和《通俗文艺》的纪念特辑,刊物是廉价出售的,簿子从墙上的条子和守在那儿的人的嘴里吐出的是:"请写写你的感想。"

请签名

每天从八点起,到午后五点止,老的少的,男的女的,一批批涌进,一群群地涌出,除了脚步轻微地在地板上沙沙地移动,大家都是严肃地沉默着。

签名处第一天是一本簿子、一个人,但当拥挤起来,常被包围而放过了很多人。第二天两本簿子、两个人,分左右两处。然而在拥挤时,常是一处拥上十多个人,也就被密密地包围起来,于是后来的又通行无阻地潮水样往里涌。到了第三天,我们想了的最后办法,添上三本簿子,负责的人站在门当中,与左右签名处成一品字,很像十字街口指挥汽车的警察,对涌进来的人群,左手一伸:"请签名!"右手一伸:"请签名!"同时人涌得太厉害,左右手都在伸,嘴里长串地吐着:"请签名!请签名!"

请不要翻

在严肃的静寂里，在铁箍似的人丛中，不时爆炸着喊声：

"请不要翻！"

翻书的赶紧缩回手，堆上一脸笑，向喊的连连点头。喊的人马上回答个难为情的笑，于是解释说：

"对不起，因为是借来的书。"

也有些在翻时听着喊起来，他马上缩回手，但他头也不抬地继续看另一本去了。然而不一会，看到爱不能忍又翻起来，待喊了起来，他又停下。常这样重复好几次，但彼此很能体谅，却没一句怨言。

曾经有一个十多岁的女孩子，她走拢去就拿起本《死魂灵一百图》翻。

"请不要翻！"

"为啥子不准翻？"

她仰起头来，睁大星般的眼睛，略带顽皮地笑着质问。

"呵……"她领悟似的长长应了声，接下去："借来的就不能翻嘛？我还有很多书借你们展览好嘛？你们有没有？"

"好极了，非常欢迎。我们征集很不够，即使有同的你也取来吧？"

她刚回头，就像箭一般消逝在人丛中了。

还有一个青年，他慢慢地看着，看到《海上述林》时，两头正在喊："请不要翻！"然而他却抑制不住，只好伸手在绒面上轻轻地抚

123

摩了几下。

我们看着这些非常感动的场景，我们也发现参观者写下"展览虽好，不准翻阅，殊属恨事，我希望明年不要这样了吧？"的感想。然而这种恨事，确是我们大家同感的恨事呵！因为有许多珍贵绝版的书我们一样的少见，可是都是应征得来，应征者告诉我们：他们是从炮火中和着生命一道逃出来的，什么东西都失掉，然而却还保存着这几本书。

因为这缘故，所以我们特别爱护，夜里疏散出城，白天不准翻阅。但是好书谁不爱？然而我们写了"请勿翻阅"的禁条，喊着非心愿所喊的话——请不要翻！

两部《鲁迅全集》不知打动了多少颗心

尤其是两部《鲁迅全集》，更不知打动了多少颗心，因为我们和参观者，在四天内重复了四五十次这样的对话。

"《鲁迅全集》在哪里买？"

"买不到了，没有地方卖。"

"是什么书店出版？"

"没有书店出版。这是鲁迅先生纪念委员会编辑，鲁迅全集出版社出版，鲁迅全集出版社发行，在上海印刷。这书现在在上海和香港大概还可以买到，但是无法寄递。原先是各地生活书店预约，预约在去年六月底截止。据我们所知道的此地有些预约了，因武汉、广州失守,没有到齐,或没有到的都有。"

"定价好多?"

"二十元,预约十六元,共二十本。"

对话到此完结,问者顿时垂下头,沉默地坠入失望、懊恼、追悔的深渊里去了。

都认识了鲁迅先生

这次展览会不但使敬仰鲁迅先生的人,更觉出他的伟大,而且还使更多的人认识了鲁迅先生。

一位六十多岁的老先生,进来看完后走到出口,无论如何请他写感想,他抓头皮莫名其妙地说:

"我还没有看出啥名堂来,鲁迅先生究竟是一个啥人,是哪一朝代的?"

于是给他解释、说明,并拿宣言给他看。他看完之后说:

"咦!鲁迅这个人很不错嘛?我要赞他赞。"

一对中年夫妇,他们进来看了很久,女的望着大像奇异地向男的问:

"这是一个啥人?这样多人来看他?"

"这是鲁迅先生,他是一个文学家,这些书就是他著的。"

有天午后三四点钟光景,一个绅士模样的人,抱着两岁多的男孩,走进来指着桌上的像教孩子认:

"这是鲁——迅——先——生,说嘛?鲁迅先生。"孩子用小小的手指着像学:

"鲁——迅——先——生。"

他教了两三次,就指着第四幅像考孩子:

"这是哪一个?"

"鲁迅先生。"

最后走到大的半身画像前,他指着给孩子说:

"你长大了,要学鲁迅先生啦!要学鲁迅先生著这样多书呀!"

"唔!爸爸我要学鲁迅先生著书。"

乖巧的孩子使他爸爸满意地笑了,我们也跟着笑了。

争取最后的胜利

因了疏散乡下的学生,因了参观者一天比一天多,我们虽拖得疲乏,然而却很兴奋地应了参观者的要求展期一日,还特地重新添置了新的标语广告,贴在公园、街上和书店,并赶着在通讯社发了消息。我们提出了个新的鼓励的口号:

"十年难逢金满年,只有这一回,我们大家拼一拼,争取最后的胜利!"

"好!大家拼一拼,争取最后的胜利!"

最后一天,我们都到得特别早,可是我们还未摆好,窗边、门边,早挤满了人。弄得我们不敢开门进出,因为一开就有嬉皮笑脸的参观者乘机挤进来。

我们为了不冷却参观者的热情，大体就绪，就提前开门了。从七点过打开，直到午后五点，这段长长的时间，进出口是在不断地拥挤，里面老是人山人海地堆积着。没有人声，没有欢笑，没有汹涌和争执，只有严肃，大家一致地严肃。

这天的生意也很好，《笔阵》和《通俗文艺》，参观者总是一齐买。连去年纪念鲁迅先生的《文艺后防》合订本，午后赶着取来，也在几个钟头之内卖光了。另外十来个鲁迅先生的石膏像卖完，还预订了六七个。连定价较昂的木刻，也卖了几幅。

我们忘了疲劳，忘了饥饿，我们忙着，我们会心地笑着，迎接最后胜利的到来。

一篇统计数字的报告

在展览会结束后，纪念大会要一篇报告，于是我们作了如下一篇统计数字的报告：

鲁迅先生逝世三周年成都市文化界纪念大会鲁迅先生纪念展览会结束报告：

展览时间……………………四
负责人数……………………二十
展览物品

书籍…………………………一五二

杂志…………………………四五

报纸…………………………三三

浮雕…………………………二八

木刻…………………………一〇〇

像片…………………………五

遗墨…………………………二

参观人数……………………四〇二〇〇

义卖出售

浮雕…………………………三七

木刻…………………………一五

刊物…………………………五〇二

这篇报告，还有几点要说明：一、展览经常负责的仅两三人，这数是连拉夫的一并算入的。二、报纸杂志都是往年和今年纪念刊共计。三、人数也并不精确，因为有些并没有签名。

末了记起的

末了记起的是一个少年流连很久写下的话：

> 我走进了这儿，我没有痛苦，我只感着快乐，我真不

想离开这屋子,我像见了久别的爹娘。

——李流

  同时我又联想起两个朋友的话来,一个说抗战胜利之后,每人有部《鲁迅全集》就好。一个说能搜集鲁迅先生所有的书成立个鲁迅图书馆倒好。我觉得两种想法都好,我很愿意这样,更有千千万万的人,恐怕也更愿意这样吧?不过大家又要记取鲁迅先生的名言来作促其实现的兴奋剂吧?

  "凡有一人的主张,得了赞和,是促其前进的。得了反对,是促其奋斗的。"

一九三九年十一月六日

(原载《文艺阵地》一九三九年第四卷第四期,
原题《成都鲁迅先生纪念展览会记》)

周　文：
将先生不屈不挠不妥协的反抗精神更加发扬和深入

讲述人生平同前。

鲁迅先生离开我们已三年了！"忘掉我，管自己生活！"这声音还那么洪亮地在我们的耳边响着。自然，人们是在管自己生活的，为了消灭敌人，为了打击民族败类，以求得中华民族光辉的成长和彻底的解放，纷纷投到战场上，投到救亡工作中，用火和铁，用艰苦的生活和顽强的战斗在锻炼着自己，迎接着当前这充满英雄史诗的伟大时代；然而为了承继先生的战斗业绩，学习先生的斗争经验，并将先生不屈不挠不妥协的反抗精神更加发扬和深入，人们是无论如何一刻也不能把先生忘记的。单以成都这一个城市来说，鲁迅这个光荣的名字，已不仅是文化圈内的人经常谈论的名字，而是早已成为好多妇孺们所注意的名字；成都十几家书店，先生的遗著早已从书架上不胫而走，现在一本也买不出来了；去年《鲁迅全集》发售预约的时候，单是四川就订了六十几部之多；多少的房间里，人们把先生的遗像和高尔基先生的遗像一并挂在壁头上，成为每个前进者仿佛应该如此的风尚……可见人们是如何地在纪念着先生，学习着先生，并把先生的精神扩大开去，普遍到每一个角落。

对于先生的纪念集会，成都曾经举行过三次。

第一次，是先生逝世的时候，听说当逝世的消息传来，成都的文化界，特别是在地下工作的战士们感到无比的震惊，立刻举行了一个悲壮激昂的追悼会。那时，抗战还未爆发，人们都在极端苦闷而严重的空气中，在四川大学宏阔的至公堂上，汇集了两三百人，虽然在许多眼睛和枪杆的监视之下，但人们都以殉道者的精神，用哀痛的情绪和愤怒的语言完成了追悼。

第二次，是去年两周年纪念的时候。抗战已达一年多，民众已经广泛地觉醒，起来战斗了。但那时正当我军从武汉撤退，汉奸×××之流又在制造和平空气，阴霾的云层充满了人间，到处都可以闻得见那一股袭来的无耻腥气，在纪念会场上，在先生的遗像前，人们抖擞起精神，誓发扬先生的战斗传统，和这些东西们战斗到底。那天到会的将近千人，地点也是至公堂上，举行了隆重的仪式之后，还列成长蛇阵一般作了热烈的游行，把先生的遗像高举着，通过无数条人最多的街道，用高亢的歌声，用洪亮的口号，把纪念的意义向群众扩展开去。

第三次，则是今年。今年，我们的抗战固然已踏上准备反攻的阶段，民族解放的前途已出现了曙光，可是另一面却起着一种倒退的暗流。我们觉得今年的纪念应该要有丰富的内容，超过以往的成绩，把鲁迅精神更深入地普遍化。九月，我们就向各团体提议筹备。由中华全国文艺界抗敌协会成都分会、中苏文化协会成都分会、中国青年记者学会成都分会共同发起，邀请了木刻作者协会成都分会、东北救亡总会等等文化团体，共二十几个之多，共同筹备。市政府、市党部都派员来出席指导，并给予经济上的帮助。各团体是那么热烈地分担了各项工作。青记负责去接洽各报纸出纪念特刊，负责去收集并编辑稿件；中苏负责去办理文书和各种杂务；神鹰剧团负责去和血花、青年、五大、朝大、东救各剧团剧队共同筹备纪念会上的演剧；东救和战时学生社、行辕政工大队负责去办理标语和抄写先生的语录，并布置会场；文协和木协负责去搜集先生的遗著、遗墨、遗像及有关的纪念物品，准备举行纪念展览会；西北摄影制片厂准备拍照；广播电台准备划出广播时间……

纪念会前几天的一个晚上，文协还举行了一次鲁迅晚会，邀请了会外人士参加。清华同学会成都分会漂亮的粉白的礼堂上，当时来了三四十人，在雪亮的电灯光下，围聚在陈列了一尊鲁迅先生浮雕像的大餐桌周围，所有的眼睛都集中在这雪白的石膏像上，是严肃，是兴奋，也是活泼。一个个激情地红着脸各畅所言，先生的战斗业绩、宝贵遗训，在这里被阐扬着，被发挥着。最后我们朗诵了全集中的一篇《这样的战士》，结束了这个比任何一次晚会都富有意义的，每个眼光中都闪耀着生命的火焰的晚会。

到了纪念大会这天，一切更是顺利地进行起来。当阳光才洒满天空，正六点钟的时候，各团体的负责人都来了。大会的会场借的是大光明电影院，纪念展览会借的是市立图书馆阅报室，都在少城公园里面。七手八脚地就都布置起来。会场是这样的：主席台上挂了旗帜和中山先生的遗像，油画的鲁迅先生的特大像紧接在中山先生遗像之下，台前边一张铺了白布的台子上立着一个插满鲜花的瓶子，四壁则贴满红蓝白三色纸的先生的语录。这语录，公园里到处都贴着。"鲁迅先生逝世三周年成都市文化界纪念大会"的横布额刚扯上空中的时候，"绥署"派来的军乐队就来了。人们陆陆续续向大门涌去，宣言在每个人的手上翻着。

主席团是：教育厅、省党部、市党部、市政府、文协、青纪、中苏、木协、神鹰。推杨全宇市长做了主席。台下面的整个场子，黑压压地坐了一千多人。也如历次的纪念一样，会场是那么的肃然而沉静。军乐队的铜喇叭吹满了庄严的空气，每个脸孔都变得石头一般；在整个仪式进行中，人们一直都为兴奋所笼罩着了。这不仅是青年们，就是那坐在前一排的一位老人和坐在人丛中的一位老太太，都始终坚定不移地昂着皱脸听着演讲者的词句，经了两三个钟头之久。有好多小朋友们也睁着好奇的眼睛望着，不曾出一点声息。讲演者是杨全宇、萧军、邓初民、熊佛西几位先生，他们在讲演中时时引着先生的警句，全场每次都爆发出如雷的掌声。

最后由SY朗诵《这样的战士》，神鹰剧团和行辕政工大队先后列在台前各唱一首挽歌，东救唱救亡歌曲，其后，全体合唱了《义勇军进行曲》，在军乐声中完成这个盛大的集会。本来东救和青年已排好两个幕剧，但因适逢剧节，各剧团正在作寒衣募捐公演，布景道具之类分不过来，只好临时作罢了。

出了大会场，像出了闸的欢笑的潮头一样，人们向展览会涌去。从图书馆大门到阅报室，沿途的木牌上都贴着先生的语录和宣言，许多人停下来翻开手册，用铅笔抄录着。

展览室是一间相当大的房间，四面玻璃窗闪着阳光的微笑。壁上贴满木协会员们的作品，其间有鲁迅先生的许多像。成都一共有十几家报纸，这一天都出了纪念特刊，也在那些木刻作品之下贴着。其间，则是用白纸黑字写的先生的著、译、编、校的书目和年表。人们拥挤在这一切的前面，仰起头读着。至于这屋子当中那四张连接的餐桌上堆满的书籍，完全被观者们所遮没了。那两部红皮金字的《鲁迅全集》，一部并列着，一部摊开着，最惹人注目，都抢先拥过去，把头伸在那上面。那两封用镜框装着的墨迹——是先生在民国十四年在北京时给赵其文的信——每个人都要在那儿停留好久，把每个字都吸进他们的脑里去，有的甚至把它抄了下来。罗裁云做的石膏浮雕像，在几张照片之间闪烁着光辉，很快就卖完十几个，人们还争着预订。那满桌的书籍、刊物、纪念册、纪念刊等，全是向外征集来的，里面有许多是初版和绝版的珍本，人们是那样恋恋不舍地看了又看。在出口处，观众们在批评簿上留下一厚册感想："伟大的战士，鲁迅先生！"或者是："我们努力向鲁迅先生学习！"这么写着。

这真是令人感到无限兴奋的集会。我们原定举行三天。后来接到附城各县的来信，要求延期一天，以便赶来参观，我们照办了。

这延展的一天，恰巧是星期日，从早上七点一直到下午五点，屋子里都挤得满满的，把签名簿一统计，又是一万多人，连前当是四万人左右。这实在是出乎我们意料的收获。

无疑地，在成都，对鲁迅先生的了解，是更扩大了，先生的不妥协的战斗精神也将随之而深入，这对于我们的前进的文化，对于我们的抗战，是极其重要的。

自然，如下的这种现象并不是没有的，譬如"纪念鲁迅要实现民主政治"和"纪念鲁迅要彻底反对×派"的标语在墙上被撕掉了！如果不是出于无知者的手，就是汉奸之流干的勾当！在展览会批评簿上也有这么写的："这种展览会的作用，只有你们这些筹备人的心里明白！"

是的，我们是"明白"的。正唯其有着这些东西，我们更明白我们这就是战斗，而这战斗还有更加扩大和深入地发展的必要，为了彻底把这些东西扫尽。

一九三九年十月二十五日

（原载《文艺新潮》一九三九年第二期，原题《鲁迅成都的纪念》）

宋汉濯：
成都确乎是在高度文化里浸润很久的文化城

讲述人生平不详。

往常，在梦里也未曾想象到现在会有机缘来光顾这古都之一的蓉城。

是的，成都的确像北平的缩影，只是没有那么宏丽伟大。不说别的，只看那古色古香的建筑和街道两旁整齐排列的树木，便会引起你浓厚的诗兴。房舍多半是双层的楼阁。顶端，巧妙地覆盖着油绿或金黄色的鸟翼。雕梁画栋，都很精致而匀称。那透出的楼栏下，配置着丹红或淡青的匾额。最可注意的是这匾额上的字体，不论是"真""草""隶""篆"，都那么古老、雅秀、遒劲。至于名族或贵人的住宅呢，更足耐人寻味了。红的大门和漆黑的门框上，镶着金质的古体大字，门楣上横置着广大的匾额，门顶也是鸟翼式的装置着"五脊六兽"，有的在门前木雕的龙头上还挂着八角红的灯笼。门内有影壁，上面多画着古山水画或九龙图，你看了这些，定会油然生出无限怀古的情绪。

街道呢？清幽是它的特色。尤其是学道街，商业场街和春熙路，那真像北平的王府井和长安街。在晚上掌灯之后，闪耀的灯光映照着丛丛的树荫，晕出一排排的青辉。憧憧的人影在下面蠕动着，真像一个仙界呢。

成都确乎是一个古都，确乎是在高度文化里浸润很久的文化城。它与重庆绝不相侔。（重庆是一个纯粹的商埠，它有着商埠所有的一切特色。）

成都濒锦江西岸，分外城、少城、皇城三部分。外城周围有二十多里，雉堞宏伟，看去很是壮丽。少城在西南隅，就是废清驻防旗人的地方，现在全拆毁了。皇城在中央，是明代藩属的故宫（现为川大文法两院校址）。城内的商业以春熙路为最盛，工业也颇发达，但多半是手工业，如毛织厂、丝织厂、绒毯厂、纺织厂、制革厂和制铜铁锡器皿、竹木、漆器的店铺。尤其是蜀锦，产品销数，年可达十一万余元，但自中日战事起后，不能运出省外，故销售大为减少了。

蜀锦之名，是艳称中外的，《华阳国志》上曾说到古代成都织锦的盛况是："机杼万家，上下蒸蒸，悦豫相从，所至辐辏。"因为成都有这种好锦，所以名为锦城，当时且置锦官长司其事，故又名为锦官城。造锦者挨门比户，出品可以畅销全国，因此机户也以"富贵行业"自居，这是蜀锦的黄金时代。自从鸦片战争以后，蜀锦市场的蜀锦业，便一落千丈了。

蜀锦当中，以锦被为上品，有红蓝杏黄粉红各种颜色，都鲜艳有花纹，传说成都所以能织这种美的锦绣，是因为有条锦江（即今府河），江水澄澈，濯锦江中，所以特别艳丽。可是现在，江水澄澈依旧，而江边却看不到那濯锦人儿的倩影，只有滔滔的江水，不舍昼夜地滚流，这说明了蜀锦的命运是随江水日下了。

成都是西南文化的中心，所以学校林立。教育相当发达，计有大学两处——国立四川大学和私立华西大学（抗战后，齐鲁、光华、金陵等大学又先后移设成都），公私立中等学校三十余处，学生不下两万。只是成都偏处西陲，交通不便，学术风气不免偏于保守，所以在质上却难尽如人意。

川大是四川最高并且最完备的一个学府，是由前成都大学、成都师范及四川大学合并的。现有农、理、文、法四院，农学院中并增设蚕桑系，以应社会需要。此外又附设化验专修科。学生共一千两百余人。抗战以来，因京沪平津的名流教授入川执教的很多，因此学生的程度提高了，学术风气有了新的转机。只因校址过于零乱（文法学院及图书馆设于皇城内，理学院在南校场，农学院在望江楼），所以不便管理，学生精神也易于散漫。因此校当局特在望江楼辟置广场，建筑校舍，第一期工程建修的图书馆、化学馆、数理馆等，现在都已完成。第二期工程正在兴建中。这学址临近萦带似的锦江，佳卉葱茏，风景很是清幽，将来全部告成，川大的规模越显得宏丽了。它蔚然成了西南文化的渊薮，从事造就抗战建国的人才，所以川大的前途，真好像旭日东升呢。

华西大学是前清光绪末年美人毕启事联合美道会、美以美会、浸礼会等，集资在南台寺（今改名为华西坝）创办的。初为中学，宣统二年才成立大学，现共分文、理、医、教育四院。成绩颇优良，尤以医院牙科为最著名。最近教育部特拨三万元资助该校，俾便扩充。现在又奉教部之命，兼办社会教育制革工业制药研究等，并拟于短期内成立中国文化研究所，以发扬固有文化。华大场地广旷，碧树清溪，风景很是可人。建筑也很宏丽，与广州的岭南大学相伯仲。

成都书肆林立，较大的有商务、中华、世界、大东、开明、生活、北新、正中等。另外最足令人注意的就是专售古书的书局，在古书的刻制方面，除了北平，恐怕要以成都为最著名。这里有几位著名的版书家，所售古书有许多是很精致或在别处不易现见的珍本。这也说明了成都文物的古久。其中最出名的书肆就是学道街的志古堂和存古书店。

还有一点，也足以表现成都的特殊文化，就是那"川味"。"川味"的确是值得一尝的。第一它有刺激性，第二香料多，味极鲜美，第三味极浓厚，而且价廉。尤其是小吃，那恐怕全国第一了。所用的碗碟都很小巧玲珑，而两三毛钱的小吃，可以尝到三四种不同的口味（据说这点是成都人最认真最讲究的，如用大些的食具，他们便认为吃起来不雅且不方便）。例如竹林小餐的罐汤白肉、三道拐的肥肠羊肉、吴抄手的抄手面、陈麻婆的牛肉豆腐等，都是成都久负盛名、脍炙人口的食品。

成都人多是很闲适，由茶馆之多而且天天满座这一点便可看出。成都大小共有八百余条街巷，每两条街巷至少可有茶馆一家，大者可容百余人，甚至两三百人，小者也可容数十人，你可想到成都品茗风气之盛了。

有许多人，一早便到茶馆里，到深夜才回家。在茶馆内，可以摆"龙门阵"（谈天）、吃零食、抽长管烟、看报，非常闲适。

可是茶馆并非全是有闲阶级的清客，也有许多"有心阶级"，在这里办公。这是其他省里不曾有的情形。这茶馆除为一般清客品茗以外，它还是个广大的社会事务所、办公厅。也可以说是法庭，居民间有了什么争端，便相约到茶肆里来理论调解。商人们有了什么交易，也到茶肆里来谈判。乃至于各界人士的会客、活动职业、接洽要公也都到这茶肆里来。这茶肆里包藏着不知几许成功与失败，狂欢与眼泪！因此它在社会占了不可或缺的重要地位，你可不能等闲视之呢。

"人以群分"，成都的茶肆也因社会阶级的不同，而分为许多等级。少城公园里的茶肆是知识阶级会聚的地方（如六腊之战——小学教员寒暑饭碗之争——少城公园茶肆便是战场），中城公园的茶肆又属于另一阶级了。商人的茶肆多以商业性而别，绸商有绸商的茶肆，纱商有纱商的茶肆，布商、棉商、药商等又各有他们自己的茶肆，乃至于旧货担、烟土贩、车夫商、粪夫等，都有自己用作办公厅的茶肆。

成都因系西南文物荟萃之区，兼之物产富饶，人民求生较易，因此人民造成一种特有的性情和习尚——崇尚文雅,好游乐,喜讽颂,不事勤苦。傅樵村在所著《成都通览》中"成都人之性情积习"一文里,有这么样的记载:

> 好换帖,子弟好赌博。
> 好结交官场,终被官场所欺压。
> 绅士好学官派。
> 以出入衙门为荣,以官场通财为恃力。
> 青年子弟习好奢华。
> 凡新到一官,无论贤劣,保正及局绅必建立德政碑,下书"合邑士庶恭颂"。其实为保正及局绅数人所为者也。

民家商店最尚忌讳。早饭前忌说"人熊""豹子""老虎"等。童子无知,偶言不忌,故春帖必书"童言无忌"四字。

傅先生谈到成都人的这些情况时,似不禁有"世风日下"之叹。但自抗战军兴后,成都受了外来教化的洗涤和政治当局的努力改进,这些积习顿时消灭了不少。不过它既有各种环境和历史的背影,自然不是短时间所能芟除的。这正有待于成都各界人士的努力。

抗战发生以后,尤其是自武汉弃守以后,成都的人口骤增了,商业也更显发达了,生活程度较以往高了几乎一倍。可是自本年六月间成都惨遭日机轰炸后,西南城的几条街(多是手工业区)都变成了一片焦土,触目惊心。这给成都人们一个空前残酷的经验。于是多相率疏散出城了，工商铺店里也顿显冷落了。他们多把存货送到乡下去，按照经验的指示，在空袭可能性最少的时间内，携带一点货品到城内暂时营业。所以被炸后的成都，已是一个冷落的城市而已。

（原载《宇宙风》半月刊一九四〇年第九十一期，原题《蓉城小记》）

桂　煌：
"青剧"又演出了《两个丈夫》和《人约黄昏后》两个独幕剧

讲述人生平不详。

四川青年剧社是三民主义青年团四川支团部领导下建立起来的一个戏剧团体，在一年半的历史中，她是从艰苦中去求奋勉，因之，她和别的剧团有着显然不同的几点，第一，青剧里没有互相间的妒忌，各个社员站在自己的岗位上做他们分内应做的事，为整个剧社的社务而尽心工作。第二，各个演员不仅是在演剧技术上力求推进，更将大部的精力专注在戏剧本身学理的研究。第三，待遇平等，工作平等，演员们不会"拿跷"，没有什么谁该享受，谁该刻苦。

"青剧"之所以来灌，是在启发受训同学戏剧兴趣的原则下来推动工作，这个工作是直接要与受训同学们发生联系的，所以"青剧"被编为一个直属营本部的独立区队，一切受训同学享有的活动，"青剧"的社员们也都有，他们都是青年，身体是健强的、活泼的，他们需要更多锻炼身心的活动，二十七日全营举行青城旅行，"青剧"

的同志们都是全参加了的，在往返游历达两百里的行程中，各个社员迈步前进勤劳刻苦的精神，全然得到了营本部负责长官的好评。

"青剧"同志们的生活是严肃的，他们有共同遵守的规律，每天清晨六时起身，七时进早餐，在这一个钟点内任便自己做何种户外运动，有拉双杆的，有练习球类的，多数是做几节晨操的动作。在未进早餐前，他们有个升旗典礼，由每天的值星社员领导举行，八点开始工作，到十一点，下午两点到五点，这是正常的规定，若遇到有工作演出时，那就不能受这个限制。照例的，吃过晚饭便开一个热烈的晚会，每个人拿着自己的小凳子围坐在一起，谈天，讲故事，以及种种游戏，这样，可忘掉一天的疲惫。

为了想介绍一点戏剧常识给受训的同学们，他们已编出第一期大幅的壁报，在以后的二十天里，还计划续办三期，以期以正确的充实的内容，和受训同学们切磋、砥砺。

二十三日，夏令营的同乐会，"青剧"一共上演了五个节目，两个独幕剧《巾帼英雄》《妇女与职业》，两个平剧《六月雪》《梅龙镇》，一个杂耍。话剧有着优良的收获，特别是在忽明忽晦的煤气灯下，演员们仍然能奋其毅力，丝毫不苟且地将剧本结束，他们对戏剧不愿做淡漠的细描，愿以坚实的爱憎，去反映出那现实的生活形态，期在这反映里，能激动同学们的情绪。

八月二日第二次同乐会，"青剧"又演出了《两个丈夫》和《人约黄昏后》两个独幕剧。

第三次、第四次同乐会皆由"青剧"中的同志指导着各队同学公演，剧目有《泰山鸿毛》《我们的国旗》，此外，青剧为灌县各界修建阵亡将士纪念塔，演了三天平剧和话剧，募款成绩近两千元。

"青剧"是脚踏实地地在工作，是以坚守刻苦的精神在向前迈进。

（原载《青年人》一九四〇年半月刊第四至五期，原题《青年剧社在灌县》）

田　野：
那地方古老而沉静得像一池子死水一样

讲述人生平不详。

还没有到成都来的时候，就承一些曾经到过成都的朋友们告诉了我许多关于成都的情形。他们说：成都，那地方真好，它没有上海那么繁华而闹杂，但也不像贵阳那么偏僻，像你这样在北方大风沙里跑厌了的孩子，到了那里，真有点躺在慈母怀里似的安慰，我这个比喻也许你不容易明了，因为我知道你是老早老早就死去了母亲的，但你到了那里就知道我的话不会错。他又说，成都那地方，休养也好，玩耍也好，旅行也好，总之是不适宜于久住的，特别是你。因为也许成都那地方太好了，所以会教人舍不得离开，但主要的还是因为那地方古老而沉静得像一池子死水一样，只消你在那里待上一年，立刻教你不想动，甚至会忘记我们这一群在北方的老朋友。所以接着，他们叮嘱我要快快地回到北方去。

带着他们的话，我来到了成都，那正是一个"已凉天气未寒时"

的秋天。晚上，当我刚到成都的时候，我就证实朋友的话没有错，因为成都的确是那么繁华的，当我在浴室里洗去了三年来在北方的风沙，我轻轻地躺在旅馆的床上，竟是那么的温暖而且软和，想起一个星期前还在土地庙神桌上睡觉的事，几乎疑惑目前是个梦境了。

于是我在这新城市的街上来往地走，我走过售巴黎香水的百货公司，我走过正在放映哀感片子的电影场，我从穿着挺漂亮西服的绅士身边走过，我又被阻在披着摩登大衣的太太们的后面。这新奇的环境里，我感到自己和这城太不和谐，我俯下头望望自己身上那套破烂而又肮脏的军服，像亚当和夏娃吃了伊甸园的果子，第一次发现自己的裸体一样地感到一种不可名状的羞惭。于是第二天，我从朋友那里借来一套新西装，并且我把乱发理好，梳上了飞机头。

虽然我换上衣服，然而成都这沉闷而又死寂的空气，却重重地压得我换不过气来，这里不但没有北方那荒漠的大平原，而且这地方的确太安静了，太和平了，你可以连战争的影子都找不到，你更可以看见还有不少整天计划着如何消遣的人。于是我在给我朋友的信里告诉他们说："……一个听惯了枪炮声音的人，无聊的时候甚至连对于鞭炮都有兴趣，然而这地方沉寂得甚至连鞭炮都不常放的……"三年来，我差不多都在变动和忙碌当中，但在这变动和忙碌当中，我却寻出了最大的趣味与爱恋。在这里，自己差不多已变得和死去了一样，然而记着自己却还是那么的年青，在这当中，我记起了朋友们叮嘱我的话了，于是我脱下西服，仍旧穿上我那破旧而肮脏的军服，像一个别离了许久的老朋友一样，我看着这祖国年青战士的姿态。

我将离开这成都,成都的一切虽然是那么的可爱,但我却更爱北方那飞扬的风沙和荒漠的原野,而且在那里,一切都是那么熟悉的,甚至土地庙的神桌和这身破烂的军服,在那里,我还有着许多热情而关切我的年青的伙伴,他们都是同样生活着,工作着。

我将告诉他们,让他们在大别山头期待着谁第一个看见我挥动着的手臂。

十二月写于成都

(原载《青年人》一九四〇年半月刊第十一期,原题《我与成都》)

零　兵：
成都这块文艺田野，是并不荒芜的

讲述人生平不详。

生活在成都的作家群

　　作为抗战大后方之一的成都这块文艺田野，是并不荒芜的。这不荒芜的原因所在，就是流着汗，拿着笔杆像锄头的一群作家们劳动的成果。

　　提到这里的一群作家，那是谁也不会忘掉周文的。周文也可以说是这个地带的开拓者。但是，他已经到西北去了，所以，不打算再多说别的什么。

　　萧军是成都文艺界之发展者与扶植者。自从他到达成都的那天起，他无时无刻不受到文艺青年及文艺作家们的欢迎；他也无时无刻不在为着成都文艺成长而劳碌着。他与所有不相识的文艺青年或学生们不断通信，他耐心地给他们以热烈的教养。他参加着各种文艺集会，做着讲演，所有这些，他说和他的写作是一样的重要。

　　文协成都分会的组织，萧军是基本领导人之一。他担任着出版部，自编自校会刊《笔阵》。此外，他还编着新民报副刊"新民谈座"，是一个有名的杂文副刊。

　　然而，由于他收入数目的微小，他的生活是十分艰苦的。他和他的夫人王德芬女士都是自己造饭，自己洗衣。夏天是一双草鞋、一顶草帽、一件粗布衬衫和短裤，冬天则仍是在上海时的一身衣服。

　　他的创作活动几乎是停顿的。除了前些时日所写的长篇《侧面》以外，他再也没有写出什么东西。就是一篇短篇小说也是没有看见过的。这可以说是一个遗憾。

　　成都文协领导人之一的沙汀，是最近从西北返来成都的。在会友们的盛大欢迎会上，他作了一次响亮的这次旅行的报告。

　　过去，在成都文艺工作上，他是尽了相当大的力量的。他在文协里担任了研究部的工作，但，因为他长途旅行之疲劳，因为他长期与友人的隔离，因之，他一切工作没有开始，连他的写作也是一样。

　　《卍字旗下》的作者刘盛亚，可以说是此间文艺界一位多产的青年作家。在成都报纸和刊物上，差不多可以常常看到他的短篇小说、报告和翻译作品。他被楼适夷所主编之《译林》，聘为特约撰稿者。

　　近些时候，他正忙着已经译就的《浮士德》《幼年》两部译稿的整理工作，而且，在最短时间完成两部较大的历史性的剧本，名字叫《隋炀帝》和《桃花扇》。

　　出名在《七月》上的陶雄，也是活跃在成都的新作家。他对文艺事业是十分爱好而热心的。

他服务在空军机关，因之，他的创作则完全是空军的题材。而且在"空军文学"方面，只有他对于题材和技巧运用得较为熟滑，可以说是"空军文学"中的第一个。

他是相当多产的一位。据他说，近期内要完成《银空三战士》的长篇。

新作家丰村及其夫人张的从战地来成都以后，因为战地生活经验的丰富，写出了大量的报告和短篇小说，并开始了他的长篇小说《黄河》。

据说是因了生活的缘故，在此间报章和刊物上，随时都可以看到他的小说及其夫人张的的诗。

萧蔓若也是成都作家中活跃的一个。

他的短小的杂感之类的东西在报章和刊物上是有着特色的。但，很少看到他较长的东西，然而，据他说发疯一样，写了不少短篇没有合意的地方来发表。

这里所谈，只是几个比较活跃的人，所以有些作家没有写进去。但，相信没有一点儿偏见，没有一点捧场的意味，只是感觉；只要谈到成都文艺界的活动，这几个活跃的人是首先必须提出的。

文艺生活的集团

在成都，文艺生活的组织活动，提起来，叫人兴奋而愉快。

那么，在这里组织较大而具有领导作用的文艺集团，就是文协的成都分会，这是第一个拥有强大群众基础的文艺组织。在它的周围团结着有一百九十个会员，更是在无数文艺爱好者的围绕以内。

它在不断地召集着文艺青年及作家的联谊会、文艺座谈会及讨论会，而且定期召集着晚会及野外旅行的"行动着的座谈会"等等。

为了达到它的加大青年们的文艺爱好，而发动着各种文艺的运动，提高青年们对文艺的兴趣，它出版着一个大型的文艺月刊《笔阵》及大众读物《通俗文艺》，此外，并在报纸副刊上推出"文讯"。

在成都，一个文艺青年的强大组织就是"华西文艺社"。这个组织是为成都市报纸副刊写稿的青年组织起来的。它并不是一个"朋友组织"，而是容纳了各色各样的文艺青年，他们做到以他们会友的稿费收入，来支持他们的团体。

这个团体的第一个显明的特点，是加强他们的自我学习，因之，他们经常有着集会。

他们的工作表现在他们出版的月刊《华西文艺》上。此外，他们还编了一种《华西文艺》周刊。

一些爱好文艺的学生们，也热诚地组织了一个文艺团体，取名为"文艺青年联谊会"。参加这团体的分子，是些爱好文艺的青年学生，而且人数是相当的多。

他们这团体除了自己学习以外，还组织了不少的"文艺青年通讯站"，出版了周刊《文艺青年》。

此外，像"野马社""西部文艺社""四川风景社"等有十多个文艺活动的团体，但，因为这些十多个团体除出版自己的刊物以外，别无任何活动，故在此略而不述。

文艺刊物巡礼

在各种困难条件之下的成都，出版一种东西，特别是文艺刊物，那是不容易的一件事。但，你假若肯走一趟书店的话，那你可能就会惊讶。原因是，你可以看到十多种在困难里生长出来的东西，而且，大部分还能叫你满意。

在十多种文艺刊物里，第一本你就会选择文协的会刊《笔阵》来。

《笔阵》是跟着文艺新理事的改选而革新了的。它是可以和一般全国性的刊物相比美的杂志。

它的外形的编排及形式的装潢，都是和《文艺阵地》差不多的。它是注意创作的，但是为了内容的调和，它有着论文、诗歌、杂文、特写、短剧、报告等等，内容活泼而充实，而且，它有着一个前进的姿态，期期在改进着。

《华西文艺》也是一种令人满意的刊物。它同样有着一个大型杂志的形态，而且因为它是一群热诚的文艺青年在主持，所以各方面带着青年的特点，现出挺挺有力的大踏步的形态来。

《野马文艺》是一个散文刊物。在这刊物里，你可以看到内容和编排的活泼。它有特写、报告、印象记、杂文、速写等等，这些精悍的短小文体，绝对会给你一个新异的感觉。

《西部文艺》则是《野马》和《华西文艺》之间的一种刊物，而且，这刊物内容的编排不是定式的。由于没有特点，迟迟不能前进——这刊物好像是一个病态的东西。

因为篇幅，还有十数种的刊物，在这里，有的因为编排得相差不多，有的内容失去特色，有的因为不大令人注意，所以都不再提起了。

报纸副刊巡礼

成都报纸十多家，但，能像个样子而令人注意的副刊只有四五家而已。谈谈他们的副刊。

《华西日报》的"华西副刊"是最活泼而内容最充实的副刊。这副刊，也可以说是一个多样的副刊。这副刊上的经常写稿人，大半是熟练的文艺写作者。

《中央报》副刊是成都报纸有名的副刊之一。它的第一个特点是发表较有分量的小说和报告。但也发表一些杂乱的非文艺的东西，使这副刊减色不少。

萧军所编《新民报》副刊"新民谈座"，是一个纯杂文副刊，有时也出一个诗歌特辑等，是文艺青年看重的一个副刊。但因为没有稿费，它所拥有的一批写作者不大普遍，色调单纯一些。

《快报》副刊、《飞报》副刊"天风"等等，虽然相差还多，但因为都是青年文艺的作者所爱好的，所以都有一幅活气象，都有一双前进的脚步。

结　语

我这个通讯写完了，自己也感觉太简略、太原则；原因是，我深知举出一些事实来是具体的，但未想一个个事实地说出是需要好多字数呢。为了省篇幅只得如此。好像记账一样写完了。但我想也不是没有说出什么，也不是完全没意义的事。

（原载《大风》半月刊第六十七期，原题《成都的文艺界》）

老　舍：
成都是个可爱的地方

老舍（1899—1966），男，原名舒庆春，字舍予，另有笔名絜青、鸿来、非我等。北京满族正红旗人。现代小说家、作家，新中国第一位获得"人民艺术家"称号的作家。代表作有小说《骆驼祥子》《四世同堂》，剧本《茶馆》等。

到成都来，这是第四次。第一次是在四年前，住了五六天，参观全城的大概。第二次是在三年前，我随同西北慰劳团北征，路过此处，故仅留二日。第三次是慰劳归来，在此小住，留四日，见到不少老朋友。这次（第四次）是受冯焕章先生之约，去游灌县与青城山，由山上下来，顺便在成都玩几天。

成都是个可爱的地方。对于我，它特别的可爱，因为：

一、我是北平人，而成都有许多与北平相似之处，稍稍使我减去些乡思。到抗战胜利后，我想，我总会再来一次，多住些时候，写一部以成都为背景的小说。在我的心中，地方好像也都像人似的，有个性格。我不喜上海，因为我抓不住它的性格，说不清它到底是怎么一回事。我不能与我所不明白的人交朋友，也不能描写我所不明白的地方。对成都，真的，我知道的事情太少了；但是，我相信会借它的光儿写出一点东西来。我似乎已看到了它的灵魂，因为它与北平相似。

二、我有许多老友在成都。有朋友的地方就是好地方。这诚然是个人的偏见，可是恐怕谁也免不了这样去想吧。况且成都的本身已经是可爱的呢。八年前，我曾在齐鲁大学教过书。七七抗战后，我由青岛移回济南，仍住齐大。我由济南流亡出来，我的妻小还留在齐大，住了一年多。齐大在济南的校舍现在已被敌人完全占据，我的朋友们的一切书籍器物已被洗劫一空，那么，今天又能在成都会见患难的老友，是何等的快乐呢！衣物、器具、书籍，丢失了有什么关系？我们还有命，还能各守岗位地去忍苦抗敌，这就值得共进一杯酒了！抗战前，我在山东大学也教过书。这次，在华西坝，无意中也遇到几位山大的老友，"惊喜欲狂"一点也不是过火的形容。一个人的生命，我以为，是一半儿活在朋友中的。假若这句话没有什么错误，我便不能不"因人及地"地喜爱成都了。

啊，这里还有几十位文艺界的友人呢！与我的年纪差不多的，如郭子杰、叶圣陶、陈翔鹤诸先生，握手的时节，不知为何，不由得就彼此先看看头发——都有不少根白的了，比我年纪轻一点的呢，虽然头发不露痕迹，可是也显着削瘦、霜鬓瘦脸本是应该引起悲愁的事，但是，为了抗战而受苦，为了气节而不肯折腰，瘦弱衰老不是很自然的结果么？这真是悲喜俱来，另有一番滋味了！

三、我爱成都，因为它有手有口。先说手，我不爱古玩，第一因为不懂，第二因为没有钱。我不爱洋玩意，第一因为它们洋气十足，第二因为没有美金。虽不爱古玩与洋东西，但是我喜爱现代的手造的相当美好的小东西。假若我们今天还能制造一些美好的物件，便是表示了我们民族的爱美性与创造力仍然存在，并不逊于古人。中华民族在雕刻、图画、建筑、制铜、造瓷等都有特殊的天才。这种天才在造几张纸、制两块墨砚、打一张桌子、漆一两个小盒上都随时地表现出来。美的心灵使他们的手巧。我们不应随便丢失了这颗心。因此，我爱现代的手造的美好的东西。北平有许多这样的好东西，如地毯、珐琅、玩具……但是北平还没有成都这样多。成都还存着我们民族的巧手。我绝对不是反对机械，而只是说，我们在大的工业上必须采取西洋方法，在小工业上则须保存我们的手。谁知道这二者有无调谐的可能呢？不过，我想，人类文化的明日，恐怕不是家家造大炮，户户有坦克车，而是要以真理代替武力，以善美代替横暴。果然如此，我们便应想一想是否该把我们的心灵也机械化了吧？次说口：成都人多数健谈。文化高的地方都如此，因为"有"话可讲。但是，这且不在话下。

　　这次，我听到了川剧、洋琴与竹琴。川剧的复杂与细腻，在重庆时我已领略了一点。到成都，我才听到真好的川剧。很佩服贾佩之、萧楷成、周企何诸先生的口。我的耳朵不十分笨，连昆曲——听过几次之后——都能哼出一句半句来。可是，已经听过许多次川剧，我依然一句也哼不出。它太复杂，在牌子上，在音域上，恐怕它比中国任何的歌剧都复杂得好多。我希望能用心地去学几句。假若我能哼上几句川剧来，我想，大概就可以不怕学不会任何别的歌唱了。竹琴本很简单，但在贾树三的口中，它变成极难唱的东西。他不轻易放过一个字去，他用气控制着情，他用"抑"逼出"放"，他由细嗓转到粗嗓而没有痕迹。我很希望成都的口，也和它的手一样，能保存下来。我们不应拒绝新的音乐，可也不应把旧的扫灭。恐怕新旧相通，才能产生新的而又是民族的东西来吧。

还有许多话要说，但是很怕越说越没有道理，前边所说的那一点恐怕已经是糊涂话啊！且就这机会谢谢侯宝璋先生给我在他的客室里安了行军床，吴先忧先生领我去看戏与洋琴，文协分会会员的招待，与朋友们的赏酒饭吃！

（原载《中央日报》一九四二年九月二十三日，原题《可爱的成都》）

老 舍：
灌县的水利是世界闻名的

讲述人生平同前。

今年八月初，陈家桥一带的土井已都干得滴水皆无。要水，须到小河湾里去"挖"。天既奇暑，又没水喝，不免有些着慌了。很想上缙云山去"避难"，可是据说山上也缺水。正在这样计无从出的时候，冯焕章先生来约同去灌县与青城。这真是福自天来了！

八月九日晨出发。同行者还有赖亚力与王冶秋二先生，都是老友，路上颇不寂寞。在来凤驿遇见一阵暴雨，把行李打湿了一点，临时买了一张席子遮在车上。打过尖，雨已晴，一路平安地到了内江。内江比两三年前热闹得多了，银行和饭馆都新增了许多家。傍晚，街上挤满了人和车。次晨七时又出发，在简阳吃午饭。下午四时便到了成都。天热，又因明晨即赴灌县，所以没有出去游玩。夜间下了一阵雨。

十一日早六时向灌县出发，车行甚缓，因为路上有许多小渠。

路的两旁都有浅渠，流着清水；渠旁便是稻田；田埂上往往种着薏米，一穗穗地垂着绿珠。往西望，可以看见雪山。近处的山峰碧绿，远处的山峰雪白，在晨光下，绿的变为明翠，白的略带些玫瑰色，使人想一下子飞到那高远的地方去。还不到八时，便到了灌县。城不大，而处处是水，像一位身小而多乳的母亲，滋养着川西坝子的十好几县。住在任觉五先生的家中。孤零零的一所小洋房，两面都是雪浪激流的河，把房子围住，门前终日几乎没有一个行人，除了水声也没有别的声音。门外有些静静的稻田，稻子都有一人来高。远望便见到大面青城雪山，都是绿的。院中有一小盆兰花，时时放出香味。

青年团正在此举行夏令营，一共有千名以上的男女学生，所以街上特别地显着风光。学生和职员都穿汗衫短裤（女的穿短裙），赤脚穿着草鞋，背负大草帽，非常的精神。张文白将军与易君左先生都来看我们，也都是"短打扮"，也就都显着年轻了好多。夏令营本部在公园内，新盖的礼堂，新修的游泳池；原有一块不小的空场，即作为运动和练习骑马的地方。女学生也练习马术，结队穿过街市的时候，使居民们都吐吐舌头。

灌县的水利是世界闻名的。在公园后面的一座大桥上，便可以看到滚滚的雪水从离堆流进来。在古代，山上的大量雪水流下来，非河身所能容纳，故时有水患。后来，李冰父子把小山硬凿开一块，水乃分流——离堆便在凿开的那个缝子的旁边。从此双江分灌，到处划渠，遂使川西平原的十四五县成为最富庶的区域——只要灌县的都江堰一放水，这十几县便都不下雨也有用不完的水了。城外小山上有二王庙，供养的便是李冰父子。在庙中高处可以看见都江堰的全景。在两江未分的地方，有驰名的竹索桥。距桥不远，设有鱼嘴，使流水分家，而后一江外行，一江入离堆，是为内外江。到冬天，在鱼嘴下设阻碍，把水截住，则内江干涸，可以淘滩。春来，撤去阻碍，又复成河。据说，每到春季开水的时候，有多少万人来看热闹。在二王庙的墙上，刻着古来治水的格言，如深淘滩、低作堰等。细细玩味这些格言，再看着江堰上那些实际的设施，便可以看出来，治水的诀窍只有一个字——"软"。水本力猛，遇阻则激而决溃，所以应低作堰，使之轻轻漫过，不致出险。水本急流而下，波涛汹涌，故中设鱼嘴，使分为二，以减其力，分而又分，江乃成渠，力量分散，就有益而无损了。作堰的东西只是用竹编的篮子，盛上大石卵。竹有弹性，而石卵是活动的，都可以用"四两拨千斤"的劲儿对付那惊涛骇浪。用分化与软化对付无情的急流，水便老实起来，乖乖地为人们灌田了。

竹索桥最有趣。两排木柱，柱上有四五道竹索子，形成一条窄胡同儿。下面再用竹索把木板编在一处，便成了一座悬空的、随风摇动的大桥。我在桥上走了走，虽然桥身有点动摇，虽然木板没有编紧，还看得到下面的急流——看久了当然发晕——可是绝无危险，并不十分难走。

治水和修构竹索桥的方法，我想，不定是经过多少年代的试验与失败，而后才得到成功的。而所谓文明者，我想，也不过就是能用尽心智去解决切身的问题而已。假若不去下一番功夫，而任着水去泛滥，或任着某种自然势力兴灾作祸，则人类必始终是穴居野处，自生自灭，以致灭亡。看到都江堰的水利与竹索桥，我们知道我们的祖先确有不甘屈服而苦心焦虑地去克服困难的精神。可是，在今天，我们还时时听到看到各处不是闹旱便是闹水，甚至于一些蝗虫也能教我们去吃树皮草根。可怜，也可耻呀！我们连切身的衣食问题都不去设法解决，还谈什么文明与文化呢？

灌县城不大，可是东西很多。在街上，随处可以看到各种的水果，都好看好吃。在此处，我看到最大的鸡蛋与大蒜大豆。鸡蛋虽然已卖到一元两角一个，可是这一个实在比别处的大着一倍呀。雪山的大豆要比胡豆还大。雪白发光，看着便可爱！药材很多，在随便的一家小药店里，便可以看到雷震子、贝母、虫草、熊胆、麝香和多少说不上名儿来的药物。看到这些东西，使人想到西边的山地与草原里去看一看。啊，要能到山中去割几脐麝香，打几匹大熊，够多威武而有趣呀！

物产虽多，此地的物价可也很高。只有吃茶便宜，城里五角一碗，城外三角，再远一点就卖两角了。青城山出茶，而遍地是水，故应如此。等我练好辟谷的功夫，我一定要搬到这一带来住，不吃什么，只喝两碗茶，或者每天只写两百字就够生活的了。

在灌县住了十天。才到青城山去。山在县城西南，约四十里。一路上，渠溪很多，有的浑黄，有的清碧；浑黄的大概是上游刚下了大雨。溪岸上往往有些野花，在树荫下悠闲地开着。山口外有长生观,今为荫堂中学校舍。秋后,黄碧野先生即在此教书。入了山,头一座庙是建福宫,没有什么可看的。由此拾阶而前,行五里,为天师洞——我们即住于此。由天师洞再往上走,约三四里,即到上清宫。天师洞、上清宫是山中两大寺院,都招待游客,食宿概有定价,且甚公道。

从我自己的一点点旅行经验中,我得到一个游山玩水的诀窍:"风景好的地方,虽然古迹,也值得来;风景不好的地方,纵有古迹,大可以不去。"古迹,十之八九,是会使人失望的。以上清宫和天师洞两大道院来说吧,它们都有些古迹,而一无足观。上清宫里有鸳鸯井,也不过是一井而有二口,一方一圆,一干一湿,看它不看,毫无关系。还有麻姑池,不过是一小方池浊水而已。天师洞里也有这类的东西,比如洗心池吧,不过是很小的一个水池;降魔石呢,原是由山崖裂开的一块石头,而硬说是被张天师用剑劈开的。假若没有这些古迹,这两座庙子的优美自然一点也不减少。上清宫在山头,可以东望平原,青碧千顷;山是青的,地也是青的,好像山上的滴翠慢慢流到人间去了的样子。在此,早晨可以看日出,晚间可以看圣灯;就是白天没有什么特景可观的时候,登高远眺,也足以使人心旷神怡。天师洞,与上清宫相反,是藏在山腰里,四面都被青山环抱着,掩护着,我想把它叫作"抱翠洞",也许比原名更好一些。

不过,不管庙宇如何,假若山林无可观,就没有多大意思,因为庙以庄严整齐为主,成不了什么很好的景致。青城之值得一游,正在乎山的本身也好；即使它无一古迹，无一大寺，它还是值得一看的名山。山的东面倾斜，所以长满了树木，这占了一个"青"字。山的西面，全是峭壁千丈，如城垣，这占了一个"城"字。山不厚，由"青"的这一头转到"城"的那一面，只须走几里路便够了。山也不算高，山脚至顶不过十里路。既不厚，又不高，按说就必平平无奇了。但是不然。它"青"，青得出奇，它不像深山老峪中那种老松凝碧的深绿，也不像北方山上的那种东一块西一块的绿，它的青色是包住了全山，没有露着山骨的地方；而且，这个笼罩全山的青色是竹叶、楠叶的嫩绿，是一种要滴落的、有些光泽的、要浮动的淡绿。这个青色使人心中轻快，可是不敢高声呼唤，仿佛怕把那似滴未滴、欲动未动的青翠惊坏了似的。这个青色是使人吸到心中去的，而不是只看一眼、夸赞一声便完事的。当这个青色在你周围，你便觉出一种恬静，一种说不出，也无须说出的舒适。假若你非去形容一下不可呢，你自然地只会找到一个字——幽。所以，吴稚晖先生说："青城天下幽。"幽得太厉害了，便使人生畏，青城山却正好不太高、不太深，而恰恰不大不小的使人既不畏其旷，也不嫌它窄。它令人能体会到"悠然见南山"的那个"悠然"。

山中有报更鸟，每到晚间，即梆梆地呼叫，和柝声极相似，据道人说，此鸟不多，且永不出山。那天，寺中来了一队人，拿着好几支猎枪，我很为那几只会击柝的小鸟儿担心，这种鸟儿有个缺欠，即只能打三更——梆、梆、梆——无论是傍晚还是深夜，它们老这么叫三下。假若能给它们一点训练，教它们能从一更报到五更，有多么好玩呢！

白日游山，夜晚听报更鸟，"悠悠"地就过了十几天。寺中的桂花开始放香，我们恋恋不舍地离别了道人们。返灌县城，只留一夜，即回成都。过郫县，我们去看了看望丛祠，没有什么好看的，地方可是很清幽，王法勤委员即葬于此。

成都的地方大，人又多，若把半个多月的旅记都抄写下来，未免太麻烦了。拣几项来随便谈谈吧。

一、成都文协分会：自从川大迁开，成都文协分会因短少了不少会员，会务曾经有过一个时期不大旺炽。此次过蓉，分会全体会员举行茶会招待，到会的也还有四十多人，并不太少。会刊《笔阵》也由几小页扩充到好十几页的月刊，虽然月间经费不过才有百元钱。这样的努力，不能不令人钦佩！可惜，开会时没有见到李劼人先生，他上了乐山。《笔阵》所用的纸张，据说，是李先生设法给捐来的；大家都很感激他，有了纸，别的就容易办得多了。会上，也没见到圣陶先生，可是过了两天，在开明分店见到。他的精神很好，只是白发已满了头。他的少爷们，他告诉我，已写了许多篇小品文，预备出个集子，想找我作序，多么有趣的事啊！郭子杰先生、陶雄先生都约我吃饭，牧野先生陪着我游看各处，还有陈翔鹤、车瘦舟诸先生约我聚餐——当然不准我出钱——都在此致谢。瞿冰森先生和《中央日报》的同仁约我吃真正成都味的酒席，更是感激不尽。

二、看戏：吴先忧先生请我看了川剧，及贾瞎子的竹琴、德娃子的洋琴，这是此次过蓉最快意的事。成都的川剧比重庆的好得多，况且我们又看的是贾佩之、肖楷成、周慕莲、周企何几位名手，就更觉得出色了。不过，最使我满意的，倒还是贾瞎子的竹琴。乐器只有一鼓一板，腔调又是那么简单，可是他唱起来仿佛每一个字都有些魔力，他越收敛，听者越注意静听，及至他一放音，台下便没法不喝彩了。他的每一个字像一个轻打梨花的雨点，圆润轻柔；每一句是有声有色的一小单位；真是字字有力、句句含情。故事中有多少人，他要学多少人，忽而大嗓，忽而细嗓，而且不只变嗓，还要咬音吐字各尽其情，这真是点本领！希望再有上成都去的机会。多听他几次！

　　三、看书：在蓉，住在老友侯宝璋大夫家里。虽是大夫，他却极喜爱字画。有几块闲钱，他便去买破的字画；这样，慢慢地他已收集了不少四川先贤的手迹。这样，他也就与西玉龙街一带的古玩铺及旧书店都熟识了。他带我去游玩，总是到这些旧纸堆中来。成都比重庆有趣就在这里——有旧书摊儿可逛。买不买的且不去管，就是多摸一摸旧纸陈篇也是快事啊。真的，我什么也没买，书价太高。可是，饱了眼福也就不虚此行。一般地说，成都的日用品比重庆的便宜一点，因为成都的手工业相当的发达，出品既多，同业的又多在同一条街上售货，价格当然稳定一些。鞋、袜、牙刷、纸张什么的，我看出来，都比重庆的相因着不少。旧书虽贵，大概也比重庆的便宜，假若能来往贩卖，也许是个赚钱的生意。不过，我既没发财的志愿，也就不便多此一举，虽然贩卖旧书之举也许是俗不伤雅的吧。

四、归来：因下雨，过至中秋前一日才动身返渝。中秋日下午五时到陈家桥，天还阴着。夜间没有月光，马马虎虎的也就忘了过节。这样也好，省得看月思乡，又是一番难过！

（原载重庆《大公报》一九四二年十月十日，原题《青蓉略记》）

佚 名：
在后方，需要着一个更完备的中心都市

讲述人生平不详。

成都，我在怀念着，我在追忆着……

是三月，也许是四月吧，我搭汽车路过了那里，不觉又是两年过去了。

我爱成都，我爱那天府中心的都市，虽然在那里极少高爽的天气，但却有一种温暖柔腻的感觉。

我爱那不宽不窄的街道，我爱那不高不低的房屋，我爱那整整齐齐的市面，我爱那和和攘攘的气象。

我不能忘记成都，因为成都有它自己的特色，当然也就有它自己特有的可爱。

我记得，蓉城是成都的古代名字，这是多么一个富有艺术气味的名字，它使我联想到那芙蓉盛开的佳境，它使我想到那"春城无处不飞花"的特有诗意，它使我想起了暮江三月的江南好梦。

我记得，成都又被古代的文人称为锦城，因为它出产奇彩异色的蜀锦，我在如锦的成都郊外大地下漫步，我沿着那稻田的阡陌，我望着那村落的炊烟，我凭吊那洗濯蜀锦的潺潺清溪，我的心在不由得上下欢跳着，在那清晰悦耳的水声中，在那青青草坪的溪岸上，在那翠绿如油的溪水前，使我深深地相信，这溪水是可以洗濯丝纱，是可愈濯锦绸而愈使色彩鲜明的。

我爱成都，我爱这武侯立功立政的盛地，我肃静地到武侯祠前低徊流连，大有留恋难舍的情调；我想起那鞠躬尽瘁死而后已的表章，使我的心里涌出来悲壮的情调，几乎使我掉下来几点眼泪。

我看着那拔天立地的古柏，我听着那吟吟龙啸的柏林风涛，使我想到杜工部的不朽名句；也使我想到了光落万丈的不朽才人。

草堂外面依然有一些稀疏的野草，但可惜听不见吟诗的声音了，那"新诗改罢自长吟"的绝代诗人，在刻字镂句的文词锻炼上使我感到惭愧，实在说起来，我们仍缺少伟大的胸襟和那种刻苦不已的精神。

我知道在这锦城的四外徘徊过不少历代才人，吟唱出不少精巧名句，我知道有不少人在这里堕落下去，但也有不少人在这里奋发起来。

记着吧！这锦绣的河山，这历代英才荟集的地方，在历史上已有不少的记功碑，而我们仍然在努力着，建造这不朽的建国事业。

我看到了远处的烟雾，我看到了远处的院落，我看到了一个一个的时代工厂，从那里走出生气勃勃的人，从那里运出来实际需要的货物。

虽然，我离开了，在一个匆匆的行程中，但我仍记得那便宜的精小饮食店，那大众憩息的小茶馆，那房有遮阴的清净市街，还有那跳着唱着的孩子们。

从友人的来信中，我知道成都已比从前繁华了，因为它担负起来一个重要的使命，在后方，需要着一个更完备的中心都市，这种需要促进了它的繁华。

我想着：它必定更加进步的，因为许多人在那里努力着，许多人聚集在一个重心的地方。

一九四二年二月二十四日于陕西武功，西北农院

（原载《防空军人》一九四二年新二卷第三期，
原题《天府的中心——成都》）

赵慕铭：
望江楼夜渡

讲述人生平不详。

是一个严冬的夜晚。

岷江的水面上已抹去最后的残霞，人声也渐渐宁静了，只江水还在汩汩地流。

江岸，那条弧形的马路上，路灯惨淡地放着寒冷的光，没有叶子的杨柳在朔风里摆荡着枯枝。

一条中型的老式渡船停泊在岸边。

冷雨随着黑夜的降临展开了残酷的水幕，雨点打在川大高耸的洋楼上，打在望江楼美丽的亭台上，也打在堤边船夫们用一张竹席围成的许多尖顶的篷帐上，同样地发出淅沥的响声。

篷帐里劳苦的人们已经让疲倦带进睡乡了，寒冷对他们比饥饿是容易解决呀，脚缩在胸口，就当作一条棉被。

望江楼的亭台里走出两个人来了，他们刚才是给香茗沉醉了的，而现在，夜雨惊扰了游人的好梦。

女的挽着男人的手臂，耸着双肩，头缩在衣领里，只露出两只眼睛，男人把右手放在头上，遮着雨点，他们急促地走向江边，跨上渡船。

"撑过去，老头儿。"男的命令着。

"是，先生。"六十多岁的老船夫从舱里回答。

"快呀！你不晓得外面在下雨？"女的也命令着。

老船夫咳呛地举起篙杆，身子在瑟瑟地抖，先生小姐走进船舱里。

"怎么你的船篷是漏的？"女的喊。

"太太。漏有什么办法？我还得睡在这舱里。咳……咳……这年头物价高涨，百多元钱一月，饭吃不饱，哪有钱修船？从前，咳……咳……两元钱一月伙食……"

"喔！对不起，太太。"

篙杆一声声划破水面，击响着江底的石子，船渐渐浮向中流。

风吹得更紧，雨下得更大了。

扑通——

突然的响声惊动了舱里的男女，女的把身体从男人的胸口伸出来。

"怎么啦？"

"不……不要紧，太太，是我掉在水里，咳……咳……"

"你瞧，撑船的弄不来船，混蛋！"男人的声音。

"船向下水飘啦！"女的喊。

"快起来！老糊涂！"男的在跺脚。

老船夫艰难地从水里爬上船舷，身上湿透了，船面上的水滴分不出是江水还是雨水。

"对不起，先生，船上真滑，天又黑……"

"够啦，滑，黑，别装样作势，淹死了还叫我偿命吗？"男的在怨骂。

"那怎敢，我们穷人是注定的命苦，死也不算什么，咳……咳……先生没有看见，就在对面岸上，也常常有饿死的人躺在路边。"

"他们为什么不去做工？"女的问。

"他们懒，应该死。"男的回答。

"不，不是，先生，他们是没有地方找工做，咳……咳……人家说，老头子、小孩子，没有气力，而且，还有些残废的人，他们更可怜，向人家讨饭，人家掩着鼻子，咳……"

"唔！"

船随着篙杆的节奏，岷江渡过了。

"上岸了，先生，太太。"

先生小姐从舱里出来。

"雨这样大，船上又滑，天漆黑的，怎么走？"女的站在舱口。

"呃！呃！不算滑，慢慢走。"男的扶着女人的手。

"先生，赏几个渡钱。"老船夫颤声地说。

"渡钱？你们是官渡，官渡也要钱？"

"天黑嘛，先生，又是下雨……"

"胡说！没有钱！"

他们走上岸去了，雨还在下着，江水依然汩汩地流。

（原载《农本副刊》一九四二年第四期）

冰　莹：
说一说在成都的文人生活

讲述人生平不详。

记得我还在西安的时候，住在成都的朋友便来信夸耀地说，成都是小北平，四时皆春，到处都有树木，都有花草，最适宜住家。

今年春天我来到成都了，也许是春天的缘故吧，所以气候很好，整天能看到太阳，街上卖花的也特别多，尤其潺潺地流着的溪水使我爱它；虽然水是那么肮脏，有时候也许会浮上一堆稻草、一堆垃圾，甚至一个用席子裹着的婴孩尸体，但因为水是从街上的桥下流过的，所以我特别爱它。

秋来到成都了，论季节，气候不应该太冷，然而只要是一遇到下雨，便冷得你全身都要打战。走去街上一看，毛大衣、皮袍、女人的皮手套、男人的瓜皮帽，一切严冬的服装都搬到身上来了，而且不仅是雨天，只要没有太阳的天，便像冬天一般寒冷。太阳在成都成了最可贵的东西，只要看见它露脸来，哪怕仅仅只有几分钟，人们也是高兴的。每家的主妇有的自己晒衣裳被褥，有的吩咐老妈子洗这洗那，忙个不得了。但天公常不作美，等到你把箱子里的衣服一件件晒在竹竿上时，一阵毛毛雨飘来，又会打得透湿。

（以上是一月以前写的，因为太忙，没有时间续写，如今又是初冬，闪电一般的日子啊！）

现在天气更冷了，到处都听到咳嗽的声音，患气管炎与肺病的人也一天多似一天，因为气候变幻得太快，叫人无法预防病菌的侵袭，例如在晴天，早晚是很冷的，但中午却像春天，有时还热得你出汗，于是你不得不脱下衣来，就在这个时候你伤风了，一得了这病就不容易好，起码要有一星期或十天半月的不舒服。近来根据我们的经验，多吃辣椒，可以治轻伤风。

现在应该说一说在成都的文人生活了。也像其他的地方一样，文人在战时的生活是比任何人都要苦的，即使是个最小的公务员，他也可以买到平价米、平价布或者平价油盐之类，但文人是永远得不到这个恩惠的，尽管报上登过几次消息，说稿费提高到最低八十元千字，重庆有几个刊物，早已实行百元千字，桂林的斗米千字也将实现了。从表面上看来，稿费的确是提高了，作家们的生活应该比以前好些了吧？其实不然，因为物价的越级飞涨，哪怕稿费提高到两百元千字，他们如果不教书不兼别的工作，无论如何也维持不了，何况在成都的稿费最高也不过五六十元一千字，而且没有地方可以发表。这儿是荒凉的，不像重庆、桂林一般有几种固定的刊物可以按期发表作品，因此在成都的文人生活，比在其他地方的文人生活来更要清苦。他们平时很少和朋友来往，原因是坐车付不起车钱，走路又没有时间，例如叶圣陶先生他住在南城很远的一个乡下，两三个月都难得进城一回，前月他满五十，悄悄地在乡下躲着过了，后来文艺协会成都分会的一些在蓉的文化界朋友用聚餐的方法发起一个补祝寿的集会，到了六十多人，颇极一时之盛，但见面的熟朋友，一见面总免不了要谈起生活来，对方不是摇头，便是回答你一声："这日子实在没法过了！"

文炳在燕大，还和罗念生编过几期《笔阵》，但为了燕大不许在外兼课，而一月的收入又不能维持一家十口的生活，下期就改任川大英文系主任还兼了两个中学的国文，整天从望江楼跑北门东门，忙得连透气的功夫也没有。更不要说写文章。

太太曾经是电影明星，自己在华大教国文的孙怒潮先生，如今在华西坝开起照相馆和康乐餐饭店来了，原因很简单，教课不能维持生活，只好改行。

够了，例子不必多举，反正文人和教授们的生活，用"穷极不堪"四字可以概括。

最后说到我自己，许多朋友们在关心我、挂念我，他们每次来信都是那么殷切地问起我的生活，除了从肺腑里感激他们那最宝贵、最深刻的友谊外，实在不愿意把生活的真相告诉他们，因为说来未免太泄气了。过去在西安，我还有几件旧衣裳、几本旧书旧杂志可卖，如今连从家中带出来的几件旧衣卖都卖不掉了，原因是样式太旧，没有人要。为了两个孩子我牺牲了所有的时间，整天为他们忙着喂奶、洗尿布、缝补衣服，还得做饭洗衣。朋友们都劝我教书，但我计算一下，我的收入还不能雇一个奶妈的开销，明知自己的身体太坏，看看快要走上"灭亡"之路了，但不得不勉强挣扎着活下去。

靠卖文为生，只有等着饿死，何况我连写文章的时间都没有，那生活可想而知。

不过话又说回来了，尽管我的生活一天比一天穷困，一天比一天苦，但我还能活着，这是可以告慰朋友们的。

冬天是使人消沉的，阴霾的气候，影响到人们的心怀变得沉闷而凄凉，但究竟冬天不久就要消逝，接着来的是明媚和暖的春光。

一九四三年十二月二日于成都

（原载《半月文萃》一九四三年第六期，原题《秋在成都》）

黄　玄：
成都成为大后方演剧的一个据点

讲述人生平不详。

一

抗战戏剧运动在成都的发展，应该溯始于中华平民教育促进会抗战剧团和上海影人剧团的先后入川。跟着四川省立戏剧职业学校成立，上海业余剧人协会来蓉，西北电影制片厂从事演剧，以及当地各剧团纷纷组织，使成都成为大后方演剧的一个据点。在可能情形下，重庆演过的戏，这里总要设法演出的，所以就表面看，它有着相当可观的成绩。舞台艺术的造诣则有的较高，有的较低，因而降减了它的平均水平。

工作上的问题也不少。约略地说，一是缺乏积极的领导，剧协成都分会有名无实，大家各人做各人的；一是没有剧场，同样的要租用电影院，还得临时搭台；一是人力、物力的欠缺，政府机关所属有的剧团，对于固定经费，不但拖延太长，也难得大量添置器材；一是深入的研究和学习的不够，营业损失的注意固为经济限制不得不提到第一义，大家在穷困中支持，难能在艺术上精益求精，日子一久，就无意地忽略了深入研究学习的重要性了。

二

到三十二年夏天为止，成都当地的剧团有：一、神鹰剧团，属航空委员会政治部。二、血花剧社，属中央军官学校。三、前锋剧社，属委员长成都行辕（已于七月间解散，工作并入政治部工作大队）。四、长虹剧团，属中国空军士官学校。这都是职业的。五、文艺剧社。六、妇女剧社。七、风云剧社。这都是业余的。八、中国艺术剧团。九、成都业余戏剧协会，这是半职业的。此外，如金陵女大、华西大学、齐鲁大学等等也有学生组织的剧团。

这些剧团的工作性质或完全对内，或兼可对外，或完全公开售票演出，并不一样。职业剧团的人员，每人月入也不过千元左右。演剧收入的赢余大家分，被特约参加某一个戏有几百元到两三千元的报酬拿，或者，大家凑起来做"公司"性质的公演，都是额外收入了。

三

中电剧团来蓉公演，一般来说，成绩很不坏。这一事实大大刺激了重庆的剧团，到夏天，嘉宾陆续地到了。

先是国立戏剧专科学校校友剧团，来演杨村彬编导的《清宫外史》。戏很热闹，合了成都观众的口味，演了一个月之久。地点是国民大戏院。

随后，到了怒吼剧社和中华剧艺社。这是《华西晚报》为了筹募文化事业基金特请来的。怒吼的《牛郎织女》（编剧吴祖光，导演张骏祥）先演，中艺的《第七号风球》（即《法西斯细菌》，编剧夏衍，导演应云卫）继之，各在国民演了十七八场。

四

《清宫外史》营业上的成功刺激了一些人，《武则天》开始筹备了。演出的团体叫作成都业余戏剧协会，主要人员有顾而已、施超、席天幕等等。八月初起演，导演是国立剧专话剧科主任王家齐。他曾在《导演的话》（载公演特刊）里写着《武则天》是由想象到写实的故事，用了新浪漫主义的方法演出，不必浪费时间与精神考据它的服装建筑……一套新奇的理论，是被成都戏剧界当作笑话传说着的。据说这个戏并没有通过，但是等中央图书杂志审查会禁演命令到了成都执行的时候，已经演过二十几场了。

业余的下一个戏定了《林冲夜奔》。也许会演出《西太后》或《女子公寓》，这得看当时的人力了。

五

成都除去国民大戏以外，还有蓉光和智育两个电影院可供演出。有地方，有剧团，就可以有对台戏。

中国艺术剧团六月里在蓉光演出《祖国在呼唤》（编剧宋之的，导演侯枫），就是与《清宫外史》对台，显然是被后者压倒了。《武则天》后，中艺的《孔雀胆》（编剧郭沫若，导演应云卫）接着在国民演出，又碰上了对台，是校友剧团的《岳飞》（又名《精忠报国》，编剧顾一樵，导演杨村彬）在智育演出。这回，却是《孔雀胆》占了绝对的优势。

据说，不久还有一次对台戏：业余戏剧协会的《林冲雪夜歼仇》和校友剧团的《雷峰塔》。

这里，还显示了一个特点：历史剧（古装剧）竞争热！

六

《岳飞》的演出有着小小的波澜。

中国艺术剧团自《祖国在呼唤》后，颇想再接再厉，却一时没有机缘。八月初，才决定排演江上青的《精忠报国》（这戏曾在上海演过）。恰巧校友剧团这时候既没排成《上海屋檐下》，想搬《岳飞》（该校保留剧目之一，两年前曾在重庆演过），几经谈判，中国艺术剧团不得不放弃，侯枫做了《岳飞》的舞台监督；名义上是校友演出，实际上等于两家合作。

照例，校友剧团公演时候的演出者是余上沅。《岳飞》的广告和说明书里，也印着余上沅，却在余上沅之上加上了一位萧某——实际上担负这次演出费用的责任者，说明书上的一篇《演出者言》也是由他署名的；他本来的职业是成都某花柳病院院长。为了这样的合作，一部分校友剧团团员离职他去；为了这样的合作，多少留在成都而未参加校友剧团的剧专毕业同学颇有微词，认为这是不可宽恕的错误，对于剧专校长余上沅是一种侮辱行为；为了这样的合作，戏剧界的朋友们也有点不大舒服。

听说，校友剧团已经奉到命令，十一月十二号前必须赶回重庆演出，剧目还是《岳飞》，可能再演出《雷峰塔》。

七

中艺的《孔雀胆》从一开头就很受成都观众欢迎。九月七号正好是该社理事长应云卫的四十寿诞，曾热热闹闹地庆祝了一晚，重庆方面也有好多贺电打来。

《孔雀胆》一上，曹禺改编的《家》就积极准备了。这个戏，还有一种吴天改编本，五月中曾由风云剧社演出过，只有几晚就中断了。校友剧团初来时，也预告要排这个戏，据说，原作者（巴金）和改编者终于把成都首演权给了中艺，导演贺孟斧，设计（包括布景、服装和道具）方菁。预定十月八日演出。

八

到现在为止,我们可以说,这几个月来,成都剧坛是热闹的,而造成这种热闹的,主要的还是重庆来的剧团。怒吼已经走了,校友剧团十一月初返渝,中艺在《家》演完后也许会再演一两剧,但是,究归还是留不下的。那么,今后各自继续这种澎湃浪潮而进展,那责任则是成都剧团与剧人的了。

在这种热闹情况里,我们不能不指出的是,它多少含着一点危机,即那种过分重视营业而忽略了演剧在抗战中的积极任务的倾向正潜潜地发展着。至于那种以演剧为牟利的手段和以演剧为投资对象的事情,如果是真有其事,更得严予防遏,否则,那会导引演剧重蹈后期文明戏的覆辙。

有人把今天的历史剧竞争热归咎于观众。成都观众也许还不够理想的,而提高观众欣赏水准,给以健康的精神食粮,使抗战戏剧运动积极地发挥它的作用,正是今天在成都作战的演剧工作者的主要任务。这是比较困难的事情,却不能因难而退、避重就轻,走一条最容易走的道路,那就毁了自己,毁了戏剧,毁了抗战戏剧运动。

九月二十八日寄自成都

(原载《戏剧时代》一九四三年第一卷第一期,
原题《锦城之夏——成都剧坛纪事》)

赵 伦：
成都剧运正在向两个方向发展

讲述人生平不详。

中艺的《第七号风球》一下，成都气候就日渐凉爽了。

八月十一日《武则天》上演于国民电影院，演出者顾而已，导演王家齐，舞台监督施超，卖座颇盛，若不于月底被禁，可能演到九月上旬。演员大半是成都当地的剧人，一切器材则借自中艺和其他剧团。生意上的成功并不等于艺术上的成就，譬如服装吧，就显得七拼八凑。

九月四日，国民上演了中艺的《孔雀胆》，导演应云卫，舞台监督郁民，演员稍有更动。上演后，卖座亦盛，应云卫喜笑颜开，此戏在艺术上虽无特殊成就，但故事简明，演出认真，颇得各方好评，确立了中艺在蓉城一般观众中的地位。值得赞颂的是在戏剧运动中它成了一次有意义的演出，一切开支，毫无浪费，异常节省，单布景一部门而言，就节省了预算的三分之二，作为舞台监督的郁民，更以其自身的辛劳，打破了他的挂名监督的成例，在"杜绝浪费"已经成为戏剧运动的一种口号时，这是一次值得研究、值得学习的演出。

九月三日，智育上演了《岳飞》，又名《精忠报国》，导演是杨村彬，舞台监督侯枫。该戏排练共费时一周，卖座颇不恶。《岳飞》一结束，接着第二天，《清宫外史》又在智育后演，导演仍为杨村彬，舞台监督周彦，此次整排，准备时间仅三天，我们今日的演员们工作人员们皆缺乏幕表戏、文明戏的经验，上演三日，更动之角色，弄不清是怎么回事，新找来的四个宫女，则连上下场的时间，也莫名其妙，效果人员不知何处有锣声，何时该鼓响，大家心中糊涂，最后把该剧在重庆和成都第一次演出时的剧务找来，才勉强开幕。

《清宫外史》十月七日下，十月八日，中艺的《家》正式上演于国民电影院，智育电影院则于十月十五日上演《大宋英烈传》，舞台监督施超，导演周彦。《家》从九月八日起对词，费时一月，但因演出工作太繁重，上演前后，舞台工作人员，有三昼夜不眠者，戏上之后，卖座成绩惊人，尤以星期之日场为最，一般学生唯有星期日场才能看戏的缘故。《大宋英烈传》排练时间亦不少，不过比起《家》来，在艺术上，在营业上都相当逊色，并且在演出上还遭受了更大的不幸，该剧舞台监督施超，兼饰高衙内，实则又为该剧演出之主持人，前后台职务，集于一身，体力不支肺病突剧，在舞台上呕血数口，现已入医院医治。

纵观成都上演的几个戏，除去极少的两三例外，从《清宫外史》

而《武则天》而《孔雀胆》而《岳飞》而《清宫外史》而《大宋英烈传》多以"赚钱"为最高目的。戏剧艺术被当成了商品，戏剧不再是艺术，是橱窗里陈列的内衣、口红，是市场上可以囤积操纵的香烟、牙膏了。

戏剧既成商品，戏与戏的演出乃不再是艺术上的竞赛，只是商业市场上的暗斗了。老板赢余满腹，蓉城不禁酒，一席数千金，赌博成为娱乐，输赢动以万计，老板既然为赚钱，工作人员又有何不可，千八的花钱可以开成两千四，达万元的道具费上台时连纸墨笔砚都没有，发票可以多开，单据可以假造，大家弄钱，天下太平。而不经手银钱的演员们呢？更妙，只要你有地位，有技术，你可以单独向老板要个三千两千的，你不要，他也会送给你："××，缺钱用吧？我这儿有。""没有关系，大家都是朋友，戏剧界谁没有用过我的钱；××，×××……"你一拿他的钱，好了，什么话也不能说了，老板掮客们是聪明的，他付给你五千一万，但从众人头上却扣下了十万八万，几次演出，无一次演职员酬劳能爽快付清者，最苦的是作为"班底"的演职员，辛辛苦苦，吃不饱，穿不暖，为他人作嫁衣，可是，狗急还要跳墙，于是出现了"不拿钱来，不开幕"。

成都的剧运，已经有了这样恶劣的倾向，它正在毒害剧运，戏剧不再是职业的，而是商业的了。一切为了赚钱，伴之而生的当然是偷工减料，一个戏可以排七天，可以排三天，可以无一次整排搬上台，演员的表演，可以像文明戏，可以像改良京戏，可以什么也不像，至于服装布景等等，当然更可以胡拼乱凑。

当然，在另一面仍然有着刻苦严肃的演出，而这一倾向亦正坚持工作，顽强前进，一面有着为一己的私利，摆弄进步的招牌，自甘堕落的戏剧工作者，一面也存在着埋头苦干的剧人。

总结地说，成都剧运正在向两个方向发展，严肃刻苦的作风，应该坚持、发扬。对于新文明戏的倾向，应该毫不容情地予以打击！

十一月二十七日

（原载《戏剧时代》一九四三年第一卷第二期，原题《历史剧在成都》）

朱自清：
据说成都是中国第四大城

朱自清（1898—1948），原名自华，号实秋，后改名自清，字佩弦。原籍浙江绍兴，出生于江苏省东海县。中国现代散文家、诗人、学者。

引　子

　　这个题目是仿高士奇的《江村消夏录》。那部书似乎专谈书画，我却不能有那么雅，这里只想谈一些世俗的事。这回我从昆明到成都来消夏。消夏本来是避暑的意思。若照这个意思，我简直是闹笑话，因为昆明比成都凉快得多，绝无从凉处到热处避暑之理。消夏还有一个新意思，就是换换生活、变变样子。这是外国想头，摩登想头，也有一番大道理。但在这战时，谁还该想这个？我们公教人员谁又敢想这个？可是既然来了，不管为了多俗的事，也不妨取个雅名字，马虎点儿，就算他消夏吧。谁又去打破砂锅问到底呢？

　　但是问到底的人是有的。去年参加昆明一个夏令营，营地观音山。七月二十三日便散营了。前一两天，有游客问起，我们向他说这是夏令营，就要结束了。他道："就结束了？夏令完了吗？"这自然是俏皮话。问到底本有两种，一是"耍奸心"，一是死心眼儿。若是要奸心的话，这"消夏"一词似乎还是站不住。因为动手写的今天是八月二十八日，农历七月初十，明明已经不是夏天而是秋天。但"录"虽然在秋天，所"录"不妨在夏天;《消夏录》尽可以只录消夏的事，不一定为了消夏而录。还是马虎点儿算了。

外东一词，指的是东门外，跟外西、外南、外北是姊妹花的词儿。成都住的人都懂，但是外省人却弄不明白。这好像是个翻译的名词，跟远东、近东、中东挨肩膀儿。固然为纪实起见，我也可以用草庐或草堂等词，因为我的确住着草房。可是不免高攀诸葛丞相、杜工部之嫌，我怎么敢那样大胆呢？我家是住在一所尼庵里，叫作"尼庵消夏录"原也未尝不可，但是别人单看题目也许会大吃一惊，我又何必故作惊人之笔呢？因此马马虎虎写下"外东消夏录"这个老老实实的题目。

夜大学

四川大学开办夜校，值得我们注意。我觉得与其匆匆忙忙新办一些大学或独立学院，不重质而重量，还不如让一些有历史的大学办办夜校的好。

眉毛高的人也许觉得夜校总不像一回事似的。但是把毕业年限定得长些，也就差不多。东吴大学夜校的成绩好像并不坏。大学教育固然注重提高，也该努力普及，普及也是大学的职分。现代大学不应该像修道院，得和一般社会打成一片才是道理。况且中国有历史的大学不多，更是义不容辞的得这么办。

现在百业发展，从业员增多，其中尽有中学毕业或具有同等学力、有志进修无门可入的人。这些人往往将有用的精力消磨在无聊的酬应和不正当的娱乐上。有了大学夜校，他们便有机会增进自己的学识技能。这也就可以增进各项事业的效率，并澄清社会的恶浊空气。

普及大学教育，有夜校，也有夜班，都得在大都市里，才能有足够的从业员来应试入学。入夜校可以得到大学毕业的资格或学位，入夜班却只能得到专科的资格或证书。学位的用处久经规定，专科资格或证书，在中国因从未办过大学夜班，还无人考虑它们的用处。现时只能办夜校；要办夜班，得先请政府规定夜班毕业的出身才成。固然有些人为学问而学问，但各项从业员中这种人大概不多，一般还是功名心切。就这一般人论，用功名来鼓励他们向学，也并不错。大学生选系，不想到功名或出路的又有多少呢？这儿我们得把眉毛放低些。

四川大学夜校分中国文学、商学、法律三组。法律组有东吴的成例，商学是当今的显学，都在意中。只有中国文学是冷货，居然三分天下有其一，好像出乎意外。不过虽是夜校，却是大学，若全无本国文化的科目，未免难乎其为大，这一组设置可以说是很得体的。这样分组的大学夜校还是初试，希望主持的人用全力来办，更希望就学的人不要三心二意地闹个半途而废才好。

人和书

"人和书"是个好名字，王楷元先生的小书取了这个名字，见出他的眼光和品位。

人和书，大而言之就是世界。世界上哪一桩事离开了人？又哪一桩事离得了书？我是说世界是人所知的一切。知者是人，自然离不了人；有知必录，便也离不开书。小而言之，人和书就是历史，人和书造成了历史；再小而言之就是传记，就是王先生这本书叙述和评论的。传记有大幅，有小品，有工笔，有漫画。这本书是小品，是漫画。虽然是大大的圈儿里一个小小的圈儿，可是不含糊是在大圈儿里，所叙的虽小，所见的却大。

这本书分三部分。第一部分是传记，第三部分也是片段的传记，第二部分评介的著作还是传记。王先生有意"引起读者研读传记的兴趣"，自序里说得明白。撰录近代和现代名人逸事，所谓笔记小说，传统很长。这个传统移植到报纸上，也已多年。可见一般人原是喜欢这种小品的。但是"五四"以来，"现在"遮掩了"过去"，一般青年人减少了历史的兴味，对于这类小品不免冷淡了些。他们可还喜欢简短零星的文坛消息等等，足见到底不能离开人和书。

自序里希望读者"对于伟大人物，由景慕而进于效法，人人以亚贤自许，猛勇精进"。这是一个宏愿。近来在《美国文摘》里见到一文，叙述一位作家叫小亚吉尔的，如何因《褴褛的狄克》一部书而成名，如何专写贫儿努力致富的故事，风行全国，鼓舞人心。他写的是"工作和胜利，上进和前进的故事"，在美国文学中创一新派。他的时代虽然在一九二九年以前就过去了，但是许多自己造就的人都还纪念着他的书的深广的影响。可见文学的确有促进人生的力量。王先生的宏愿是可以达成的，有志者大家自勉好了。

成都诗

据说成都是中国第四大城。城太大了，要指出它的特色倒不易。说是有些像北平，不错，有些个。既像北平，似乎就不成其为特色了，然而不然，妙处在像而不像。我记得一首小诗，多少能够抓住这一点儿，也就多少能够抓住这座大城。

这是易君左先生的诗，题目好像就是"成都"两个字。诗道：

> 细雨成都路，微尘护落花。
> 据门撑古木，绕屋噪栖鸦。
> 入暮旋收市，凌晨即品茶。
> 承平风味足，楚客独兴嗟。

住过成都的人该能够领略这首诗的妙处。它抓住了成都的闲味。北平也闲得可以的，但成都的闲是成都的闲，像而不像，非细辨不知。

"绕屋噪栖鸦",自然是那些"据门撑"着的"古木"上栖鸦在噪着。这正是"入暮"的声音和颜色。但是吵着的东南城有时也许听不见,西北城人少些,尤其住宅区的少城,白昼也静悄悄的,该听得清楚那悲凉的叫唤吧?

成都春天常有毛毛雨,而成都花多,爱花的人家也多,毛毛雨的春天倒正是养花天气。那时节真所谓"天街小雨润如酥",路相当好,有点泥滑滑,却不至于"行不得也哥哥"。缓缓地走着,呼吸着新鲜而润泽的空气,叫人闲到心里、骨头里。若是在庭园中踱着,时而看见一些落花,静静地飘在微尘里,贴在软地上,那更闲得没有影儿。

成都旧宅于门前常栽得有一株泡洞树或黄桷树,粗而且大,往往叫人只见树,不见屋,更不见门洞儿。说是"撑",一点儿不冤枉,这些树戆粗偃蹇、老气横秋,北平是见不着的。可是这些树都上了年纪,也只闲闲地"据"着、"撑"着而已。

成都收市真早。前几年初到,真搞不惯;晚八点回家,街上铺子便噼噼啪啪一片上门声,暗暗淡淡的,够惨。"早睡早起身体好",农业社会的习惯,其实也不错。这儿人起得也真早,"入暮旋收市,凌晨即品茶"是不折不扣的实录。

北平的春天短而多风尘,人家门前也有树,可是成行的多,独据的少。有茶楼,可是不普及,也不够热闹。北平的闲又是一副格局,这里无须详论。"楚客"是易先生自称。他"兴嗟"于成都的"承平风味"。但诗中写出的"承平风味",其实无伤于抗战:我们该嗟叹

195

的恐怕是别有所在的。我倒是在想,这种"承平风味"战后还能"承"下去不能呢?在工业化的新中国里,成都这座大城该不能老是这么闲着吧?

蛇 尾

动手写"引子"的时候,一鼓作气,好像要写成一本书。但是写完了上一段,不觉再三衰竭了。到底已是秋天,无夏可消,也就"录"不下去了。古人说得好,"乘兴而来,兴尽而返",只好以此解嘲。这真是蛇尾,虽然并不见虎头。本想写完上段就戛然而止,来个神龙见首不见尾。可是虎头还够不上,还闹什么神龙呢?话说回来,虎头既然够不上,蛇尾也就称不得,老实点,称为蛇足,倒还有个样儿。

一九四四年八月三十日作

(原载《新民报》一九四四年九月二日至六日,原题《外东消夏录》)

第四编 教育一瞥

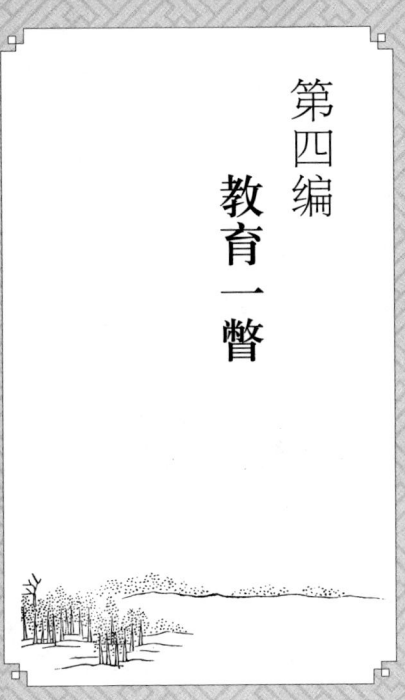

成　象：
成都的学生生活，是甜适的、轻松的、朴素的

讲述人生平不详。

学生生活，是一种最有趣味的生活。我常常想，假如事实允许我，我将愿意永远做一个学生！可是事实终于不允许我，三年前便使我离开我的学生生活了。现在只有一段甜蜜的回忆，尚留存在我的心里，可怜这点"甜蜜的回忆"，也带有些儿酸味了！

提起成都，我就觉得有一种亲密的感觉，现在虽然离开她的怀抱将近四年了，然而对于她的旧情，仍有几分依恋似的。

到过北平的朋友，常向我夸说北平的好处：说什么故宫的伟大呀，北海的幽美呀，天桥的热闹呀，北平姑娘的风韵好呀，说话好听呀。诚然，北平是我们的旧部，她的伟大庄严，也许成都赶她不上，然而如说幽美恬静，成都却也未必赶不上北平。像少城公园、望江楼、武侯祠、昭觉寺、青羊宫、华西坝，哪一处你能说她不好？哪一处不充满着幽美可爱的自然风景——至于马路之清洁平坦，以

及沿街之绿树常青，北平简直还望尘莫及！（不特北平，就是全国也很难找吧？）在北平，冬天冷得厉害，风刮起来，满天黄沙，不见人影；在成都，就没这些罪受，"玉垒浮云"，我们常常可以看到。人，老是轻松闲适的。至于说到饮食，那真可称全国第一了。第一菜味好，第二价钱巧，第三茶房招待周到。一两角钱吃一顿饭，还觉得非常舒服，如有三朋四友，莫事进进馆子。有一块把钱也可以吃得酒醉饭饱了，试问这在旁的什么都市办得到？总之，成都的好处是：有都市之名，而无都市之气，生活简单，人民纯朴，风景幽美，各色具备。在这样一个美好的环境中的学生生活，自然是甜适的、安静的、幸福的哟，有人说："成都如一个池塘，老是波平浪静的。"这话很不错，但是前年川阀在城内巷战一次，可就把这"平静"冲破了。

我初次到成都，记得是十六年下期，那时进中学，一年的费用不过七八十元，简省的一年六十元就够了。住大学至多一年也不过用百余元，现在虽然生活高了点，用费也增加不了多少，比之在南京上海等地读书，当然俭省得多了。

那儿的学生，衣着都很朴素，男女学生多爱穿蓝布衣服，学生制服，夏天白斜纹布或哔叽布，冬天用青色的。十六七年的时候，穿上一件毛哔叽衫子的，算是顶漂了。现在穿毛织品的人仍很少。四川的学生很能吃劳苦，许多从几百里外到成都来读书的人，苦寒的，都是自己走路，身上还要背着包袱，一天走个百十里，算不得什么一回事。如果是下江人，那真吃勿消！因为交通不便，以前有钱的也只能坐滑竿，现在虽然马路修通了，有汽车可坐，但是价钱贵，走来又波动得厉害，如像船过滩一样，因此坐的人并不多，然而大部分也是因了钱的关系。

成都的学生，有一个特点：就是不好动，对于时事问题，很少注意，有些简直连报纸也懒得看；对于团体事业，不甚热心，课外活动也很少；同学方面，不大往来，同在一个学校的同学，甚至有同班的还不能互相认识，大家在街上碰着，也往往各不相照，因此，同学间都非常隔阂，大家抱着"你是你，我是我，羊子不和狗搭伙"的态度。

学生中大概可以分作几派：一、读死书的；二、读活书的；三、读假书的。第一种学生除了把讲义读得滥熟外，早晚还要摇头摆尾地呕点古文之类，进图书馆，很少翻报纸的，新书籍也不大爱看，他们所读的常是经史子集之类。（实际成都的初中国文科，就大半是讲的经史子集之类，学生们做起文章来，呜呼且夫满纸皆是，读来倒是叮叮当当的，所以还有很多人夸奖成都学生国文程度好哩！）第二种学生自然是脑筋比较清楚，并没有把讲义看得像圣经般贵重，而且也爱读课外的书报杂志，爱参加各种团体活动，如什么学术研究会、读书会、学生自治会等。但是这种学生并不多，而且学校当局也常常认为这种学生是不安分的坏学生。至于第三种呢，大概都是家境比较充裕的，少爷式的学生，他们以读书为名，徒挂招牌而已。这种学生多爱住在校外的寄宿舍里（成都的学生寄宿舍很多，食宿一共每月不过七八元），上课来划划到，缺席混过，又夹着讲义跑了，他们不但不读书，连讲义也懒得翻，待到试验时，才忙着请枪手（代考者——成都有些私立学校，因人多教员认不清，懒学生往往于试验时有请人代考的），或找同学打"派司"。在寄宿呢，不是找"太婆"（成都人呼老板娘为太婆）开开玩笑，就是来几圈小麻将以混时日。晚上则进出于电影院戏院之门，次焉者，逛游于花街柳巷（如天涯寺、新华街等地），或高卧阿耳岛或进出大观园（均为烟馆名）。一般逍遥气派，他们简直忘乎其形了。

成都学校，通有一个特点：就是学生的小伙食团多，如像过去的四川法政专门与志城法政专门两校，每校的小伙食团至少有十来个。每团人多的三四桌，人少的不过一桌。除了厨夫而外，还要请几个十多岁的小伙子（如什么喻娃、张娃、李娃之类），以供少爷们的驱使，做些添饭、打洗脸水、拿烟等琐事。饭后，我们常常可以听见许多"呼奴使婢"的声音，像："喻娃打水来！""张娃拿烟来，跟老子耳朵聋了吗？"假如是一个初到这样学校去的人，你将会怀疑你好像走进了一家饭馆。这些少爷式的学生的养成，完全是由于过去该地的生活低贱与学校当局的腐败所致，现在这种现象比较少了。

说起成都的学校当局，现在我还觉得十分可笑。有许多学校的校长与教员，大多都是"瘾士"，不愧为"烟国"中的代表人物，而且这还是一般人所说的"好先生"啦！你想以这样的人来作学生的师表，怎不教坏学生！不过，这是就一份说，其他不可一概而论，而且这些"瘾士"的教员们，现在也一天天地在被淘汰了。

大部分的学校,对于运动方面的设备,多不完善,而且学生们对于运动也似乎不很热心,一个学校,"老夫子"式的学生,总占多数,大都是有"东亚病夫"的资格的。但学校当局也很少注意到学生的健康。也许近来好些了吧?

至于星期日呢,那可好玩极了。或约二三知己,烹茗于少城公园之荷花池畔,看池畔杨柳依依,让明月来相唱和;或谈天于浓荫,吃盐道街之花生糖,饿时则去祠堂街吃经济可口之鸡丝豆花饭,或步出南门而至华西坝,看大自然之风色;或登临望江楼,饮薛涛井水茶,望江水之悠悠,可涤尽烦愁;或到昭觉寺,叩老僧而尝锅巴(昭觉寺之锅巴,闻名全川);或游武侯祠,看古柏之森森,遥想诸葛当年之威风,或……总之,成都的风景无处不可看,无处不好玩,生长在那儿的人们,真是艳福不浅啊。

成都的学生生活,是甜适的、轻松的、朴素的,是一篇散文诗,但缺乏一点紧张气!

(原载《骨鲠》一九三四年四十八期,原题《成都的学生生活》)

徐步青：
我们的热情激动了无数颗乡民感谢的心

讲述人生平不详。

一、别矣！成都！

眩目的太阳悬挂在灰白色的天空中，碧绿的江波微笑地进行着，我们这一大群青年人踏着整齐的步伐走向望江楼畔来了。

望江楼的景色是可爱的，巍峨的亭阁从苍翠的竹林中伸出来，周遭盈蕴着平和的恬静，墙垣底下，许多只船接连成了一条行列，其中之二的桅杆上高挂着鲜明的旗帜，我望着它在空中自由地飘扬着，愉快的情绪随即织就朵朵微笑的心花。

到了码头，我们匆匆地上了航船，那些船灰褐色的面颜上带着和蔼的笑容，一齐张开欢迎的眼睛在注视着我们，那种诚朴而严肃的态度，真会使人不相信他们是在艰苦生活中奋斗的勇士，而是一群天真无邪的孩子哩！

当我们走进船舱的时候，舱内立即起了一阵喧哗，送行的朋友们都从船舱中跳出来，拖拖拉拉地把我们拉进舱里，到了舱里，我们便三三两两地分开了，有的相互谈笑着，有的唱着送别的歌曲，有的在欣赏江上的景色，也有的在喃喃私语着，啊！友情，神圣的友情真是世界上最宝贵的东西！

一阵笛声！这是开船的警告，舱内又起了一阵喧嚷，送行的朋友相继从"再见"的语浪中踏上江岸，那些船夫习惯地脱下外衣，两只手臂露出蛮壮的筋肉，从船篷上把篙竿取下来，很快地便撑船离岸了。

"珍重！朋友们！"

"再见！朋友们！"

那些送行的好友擎着白手帕伫立在江岸频频地挥动，我们彼此相互呼应着。

船到江心，橹击江波的节奏激动我们热烈的心，大家不知不觉地高歌起来，宏壮的歌声袅入空际，在空际回转吁鸣，那些船夫也用着生硬的腔调附和着，高叫着，歌声完毕，我们笑了，船夫们也羞涩地笑了。

这时，天的白雾已经消逝，矫健的隼鹰在那蔚蓝的晴空中欣然盘旋着，船儿如箭一般经过水流湍急的浅滩，前面是一条碧绿的江流，澄静的柔波轻微地起伏着，波面浮泛青色的幽辉。街衢过去了，望江楼的景色逝去了，四川大学壮丽的校舍逐渐地隐灭了，我的眼睛发出异样的光辉，站在舵架上欣赏着乡村自然的景色，那旷大的原野遍布图案似的田亩，阡陌高下毗连着，麦叶起伏着绿色的微波，油菜花传送出阵阵的香味，那树林中隐约可见的茅屋已经炊烟飘渺了，稚年的牧女们有的在岸上跳跃着，有的在江流中洗濯她们天真的小手，让拴在秃树干上的耕牛慵懒地俯嚼地下的野草。

别矣！喧嚣的成都，我们以后再见吧！

二、船舱中的生活

船舱中的生活是很苦的，也是快乐的！

每天早晨，当我从酣睡中醒来的时候，乳白色的薄雾模糊了天际，乡村的景色好像是一个披着薄纱的美女，煞是可爱，静听那隐约的鸟语和桨击清波所发出的节奏，确是一曲悦耳的自然的音乐啊！

到了六点半钟，我们一听见起床的信号便从舱板上爬起来，各自把行李捆好排列于船舱的两旁，然后取出面盆，打破澄静的波面舀出洁净的水用来洗脸刷牙，水是冰冷的，冰冷的水刺激肌唇和牙床，使人感觉到一阵难受，一阵舒适。

梳洗完毕，我们便以划船为活动筋骨的运动，或者坐在船舷上呼吸着新鲜的空气。

渐渐地，白雾消散了，温暖的阳光吻着平静的大地，周遭更显得美的平和。这时，田野中已经有了农夫的面影，耕牛载着牧女在江岸上懒懒地走着，那些牧女们都用着天真的惊异的眼睛注视我们，我们一齐笑着招呼起来，她们便又羞涩地低下头去玩弄自己的发辫了。

到了八点钟，我们排成两条行列，以军事化的动作狼吞虎咽地吃着早饭，虽然饭菜是粗淡的，但是每个人都觉得很有甜蜜的滋味，早餐完毕，大家于是严守自己的职务而兴奋地工作起来，有的绘画，有的制作，有的写标语，有的排话剧，湫隘的船舱内充满紧张的空气，我们的眼睛与舱外的世界暂时隔离了。

直至午后四时，我们工作才行停歇，每个人相继离开自己的岗位，或者去参加摇橹以活动酸痛的手臂，或者高唱歌曲以振奋疲乏的精神，青年的集体生活真是一曲又紧张又轻松的优美的歌呀！吃过晚饭，已经到了黄昏的时候，船儿也就靠近预计到达的乡镇的码头了，这些乡镇虽然很小，但是市面却很热闹，我们分作几队走进市场，有的张贴标语，有的绘写壁画，有的在街头宣传，有的去慰问抗战家属，有的为贫苦乡民诊治疾病，有的替抗战家属代书与解决疑难，分工合作，大家都兴奋地工作着，每到一处都掀起汹涌的人潮，我们的高吼叫醒了沉默的乡镇，我们的热情激动了无数颗乡民感谢的心。

直到九点钟，我们才拖着沉重的影子回到船上，很快地把行李铺好，便倒在船舱上相互拥挤地睡觉了，村镇中传来狺狺的犬吠，水击船舷发出铿锵的声响，大地朦胧，疲劳把我们带入沉沉的梦境里。

（原载《青年人》半月刊一九四〇年第八期，
原题《成都大学生寒假乡村服务团工作杂记》）

治　理：
不久的将来，它将会成为一个标准的中心学校

讲述人生平不详。

一、引言

　　随着苏德的炮声，物价更是一天天地飞涨，一点也不下落的，这时候，虽然政府千方百计地在平价，但是人为的物价，终于隐隐藏藏地冒过了这平价圈，而使一般人的生活感到恐慌，尤其是公教人员，更不堪其苦了。因此，生活补助啦、家属米贴啦，以及许许多多救济公务人员的办法，都应运而生了。省立成都实验小学茶店子分校也就是这时代产儿咧！

二、学校的产生

　　最初，省政府秘书处人事科的同事们，觉得生活程度是这样的

高涨，一般小学的学杂各费是那样的昂贵，如何能负担呢？而自身子弟的基础教育，又不能任其荒废，想来想去，终于想出了一个办法：就是沿袭黄浦及航空等子弟学校先例，呈请省政府在茶店子附近设置公务人员子弟学校，以培植各厅处局失学子弟，以期减少工作人员旁顾之忧，而示优待之意。这时候，其他疏散外西的省属机关的同事们听到了这个消息，纷纷地响应起来，结果蒙主席的批准，并经第五二一次省务会议议决通过，由教育厅主持筹备，省立成都实验小学茶店子分校遂于三十年九月在茶店子场成立了。

三、学校的组织

因为它只有一些实验性质，它只希望做一个标准和中心学校，所以在这草创时期中，它的组织是非常的简单，校中除校长一人掌理全校校务外，仅仅设一教导处，以管理全校的教训事宜，教导处之下，按照六个学级，有六个级任，三个专任，以佐理其事，事务方面，与一般中心学校一样，只有两个事务员、一个会计员，其余各社教民教的推动，却还有待于下期哩！

四、学校的教职员

它既然具有一些实验性质，与乎做一个标准中心学校的愿望，当然不是一件简单的事情，所以当局对于它的主持人，便非常的注意。最初，拟委任一位对小学教育很有研究的周先生担任，可是这时周先生寄居陪都，乃先行委第一省视导区驻区督学江公笃先生负责筹备，等待周先生到校时，便立即交代。哪知世间上的事，常常是出人意料的，本来说周先生两周后决定到校，可是日子一天一天地延长下去，两周……四周……六周……而周先生的消息，反转好像天空中的飞鸟一样，愈飞愈高，愈高愈小，竟至渺如黄鹤了。这时候，恰巧胡、郭二厅长正在出巡粮政，教厅第三科郭科长亦赴渝出席教育部召集的边疆教育会议去了，幸赖江公笃先生，不避艰辛，筹备开学，本着他数十年教学之经验，与乎奉公守法的精神来为学校聘请教职员，所以它的教师除一人是大学毕业，一人艺专毕业外，其余都是后期师范的优良学生；它的职员，也是学行兼优的青年。因此，他们对于工作，常常是紧张的、合作的，情感呢？自然是融洽啰！时间一天一天地过去，胡、郭二厅长暨郭科长都先后返省了，才知道周先生因为旁的事情牵制，决不到职，教厅乃签请省府另委驻新津双流地方教育视导员叶厚淮先生来任校长，十二月三日这位学验俱丰的视导员叶先生才正式到校视事，负责推动校务，从此，它的主持人才算正式确定了。

五、学校的经费

  它本期的经费预算是十万七千七百八十元，这笔款子不是在教育文化费项下动支，而是在省府三十年度的第二预备费内拨付的，至于分配的情形，是俸节费五千三百七十五元，办公费两万一千九百三十元（内赋旅运占一万四千八百元），购置费一万九千元，特别费五万七千五百元，生活补助费三千九百七十五元。

六、学校的儿童

它的名称虽是省立成都实验小学茶店子分校，实际亦可称为省府公务员子弟学校。全校共有两百一十八个儿童，都是由省府各厅处局等机关造册申送，经学校测验录取的，计秘书处六十六人，民政厅二十二人，财政厅二十九人，教育厅三十六人，建设厅十九人，保安处十九人，地政局三人，财政整理处五人，省振济会三人，川工业试验所二人，省公余体育会三人，合作事业管理局四人，审计处一人，省会计处二人，川工业试验场一人，博物馆一人，省征工事务所二人，因为这样，所以在程度上是比较的整齐，在智力上是比较的优异，训练起来，比较还容易，可是本期因教室的分散，和创办伊始的关系，说不上什么好的成绩。

七、学校的校舍

至于它的校舍呢，因为筹备时间的短促，一时不克新建，所以不得不在茶店子附近设法租佃或借用，费尽了千辛万苦，始借得茶店子场上原教育厅房舍大小五间，作临时办公室、男女教职寝室及厨房之用；又借得成都县农业推广所茅屋一幢，分隔了二上三上两个教室，成都县民教馆阅览室一间，当作一上教室，其余四、五、六年级，则完全租用民间的房屋了。至于运动场、集合场等，根本就没办法。因此，它的校舍便成了三个区域：即是寝餐办公在一起，中低级教室在一处，高级教室在一处，无形间成为防区制度的校舍了，讲到光线、土地、空气……当然说不上，因为它前期都不是用作学校的，而是一些会议厅啦、茶馆啦、堆草场啦、牛棚啦，都是茅草为盖，泥土铺地，竹笆为壁，四面通风，污水绕檐……虽然经过不少次的整理，但毕竟是麻面涂粉，纵多亦无补于事了。

八、学校的教学方法

　　社会是一所广大的学校，为什么还需要设立学校呢？就是因为社会是复杂庞大的，科学是日新月异的，假如没有专门的人来指导儿童，没有良好的方法来管理儿童，那么，他们学习的进度和效率，是一定会迟缓的、低落的。这个学期因为它的教师们十分之八九是川省后期师范毕业的优秀学生，对于原则的研究，虽然说不上是专长，可是他们对于小学教育的兴趣极浓厚，研究的精神很充分，他们对高年级的教法，多采用自学辅导和个性适应诸原则；低年级多采设计及问题练习等方法，总之，他们的教法，可以说完全是儿童本位的教学。

九、儿童的训练

经验告诉我们"言教者讼,身教者从"一点不错,儿童的理解力,是非常单纯的,所以说话太深,他们不了解;说话太长,他们不能连贯,也就是说不了解,既然连话都不了解,哪能照你的话去实行呢?即使所说的话,又不艰深,又恰适中,他们又刚能了解,当然照话去实行了,可是心理学又告诉我们,"他们的模仿能力太强",所以这里虽然在说某某事情不该去做,而实际却因为判断能力薄弱,偏偏要模仿别人去做了。它有见于这个道理,所以特别注重身教,即是说"人格感化""以身作则"地在训练儿童了,其次心理学又告诉我们,"儿童的犯过等等情形,大都是无意思的、无谓的",所以他们训练儿童,又详细地在调查儿童各种行为的心理,寻觅他们每次犯过的原因。

十、学校的设备

一个学校,除了前面所说的几项外,当然还有设备啰。它的设备怎样呢?当你走到它的教室内,你首先就可以看见它的课桌椅,高高矮矮,一排一排,参差不齐的,假如你再把它细看,你一定可以看见有些儿童背儿弯弯的,靠在椅上,现出极不自然的样子;又可以看见很多儿童的身子向前倾了很多,脚也只尖着地,而现出更不自然的样子,这是因为筹备时间太短,要新制桌椅,时间不够,只好将就买别人的旧东西吧。所以便成了这个样子，其次可以看见它的小黑板，总是四块合成一套，整整齐齐地在教室内挂起的；再其次更可以看见它的饮水器、洗手盆、藤椅、时钟、风琴、办公桌、文件柜等东边有、西边无地告诉你，这是它的初步设备。

十一、五月以来的遭遇

　　从前面看起来，它虽然在滋长期中，似乎并没遇到过什么困难，一帆风顺地向前迈进的样子，其实呢？它并不是这样，它也遇到过不少的阻碍，举例说吧！它的教室，有的在非常清洁的环境，教学当然适宜；可是有的教室，又恰在人声嘈杂的中间，教学起来，却要吼破嗓子。因为这样，所以便有两班的级任教师，时常闹病，变动也就免不了了，这在学校自然是一种损失，儿童当然也受了不少影响，可是又有什么办法呢？说到这里，大家一定可以说："既是这样，新校舍为什么不赶快修建完成？"提起了新校舍，却也令人头痛！大家知道，校舍的先决问题是地皮、修建费用等，修建费是很早就决定了的，可是地皮呢？因为茶店子附近没有现成的庙宇，又没有政府的公地，怎么办呢？当然只有农家租佃了，然而又有多少农家热心教育，明达事理，而高兴租佃他的乐土呢？何况农家当中还有大农小农的不同、靠租与不靠租的区别呢？偏偏它圈定校地的业主，是靠租生活，于是乎便起了诉讼。始而省府，继而行辕、军委会，以致耽误数月，直至十一月底，才算告一段落，地皮才算解决了，但是业主还是不甘心，天天纠缠，校舍于是乎便一再耽搁。其次又因为物价的高涨，校舍的建筑材料多半是旧屋子的陈料，而旧屋子的陈料，却又是一件极麻烦的事情。大家知道，哪一所旧屋子，在这后方的都市上，又是空空地无人住呢？唯其如此，所以也经过不少次争执，耽搁了不少时间。一直到三十一年一月十六日才正式开始建筑呢，这仅仅是一件最大最明显的波折罢了，其他的毋庸多说吧。

十二、尾声

它现在的校舍是分散的，设备是简单的，哪说得上实验呢？哪能称为一个标准的中心学校呢？不过它现在正向上在滋长，从今以后，它的一切，都准备向标准境地迈进，来完成它所负的使命。我们十分相信，在不久的将来，它将会成为一个标准的中心学校，一个内容充实、设备完善的示范学校了，希望大家注意它、扶助它，大家都来灌溉它和爱护它吧。

一九四二年一月二十六日于成都

（原载《教育视导通讯》一九四二年第二十一期，原题《正滋长中的省立成都实验小学茶店子分校》）

邵泽民：
从此母校跻于康乐之途，可悉力继谋发展

讲述人生平不详。

峨眉山秀甲天下，举世慕名，二十八年春，敌机肆虐蓉垣，母校为避免无谓牺牲，除农学院居处东郊，便于疏散仍留原址外，乃呈准教部，将文、理、法三院疏迁至兹山山麓各大梵刹。自是年九月二十一日行课，迄三十一年寒假，师生讲诵于此者三年又半。在此期间，前校长程公天放，惨淡经营，举凡经费之增加，院系之扩充，研究所、附中、附小之并创，学生学术研究风气之养成……莫不兼兴并举，与时俱进。遂使母校气象日新，规模日宏，校风日趋于肃穆，毕业生在社会之事业日益扩大，殆斯山灵秀所钟，有以促其发祥者欤？唯以辟处山乡，远离都市，盘桓既久，师生于授受课业之余，流连山水之外，渐感生活单纯、供求不便，复因成都早无空袭，众志思还。值黄公季陆接掌母校，莅峨之初，有鉴及此，决定将本大学在峨部分，迁回成都，召开校务会议，遂有"国立四川

大学迁回本校委员会"组织。

校长为该会主任委员，加聘刘总务长觉民为该会秘书长，以总其成，下设五股，每股设正副主任各一人，由校长派定。计总务股赵晋明邵泽民，装饰股徐光谟周菊人，运输股李兴一沈超，工务股杨介眉刘成壁，布置股蒋梦鸿祁治平；每股设干事若干人，由各股主任签请校长派定。除工务、布置两股在蓉校办事处工作外，总务、装备、运输三股工作人员，则设立联合办公处于峨眉山本大学师范学院，在秘书长领导下，逐日按时办公。

按本大学在峨部分，为校本部之各处，组馆、室共十七单位，及文、理、法、师、新生五院十九系，一专修科，一文科研究所，一理科研究所，一附属中学，一附属小学。总计教职员工及眷属一千五百余人，学生则共有一千八百余人。兼以校具、文卷、图书、仪器、师生行箧等件，以言短期寒假内一举扫迁，真所谓兹事体大。非有详尽计划、缜密预算、果决精神、捷便行动，毋克当此艰巨。然校长所以如是决定者，意在不误下期开学。同仁等既已谬承指派，凛乎责任之重大，殊属义不容辞。当即分头签定各股干事，共计四十八人，即日开始工作，并连夜分别拟具各股办事细则，及各项重要章程，克日推进。各股更会同拟定总预算两百七十万元整，呈校长核定指拨。于是由总务股购置装备器材，遵即按照校长及秘书长之指示，将各种校具、文卷、图书、仪器、师生行李等件，权衡其体积轻重，次第其需用缓急，以校本部、文、法、理、新生，师范各院为先后迁回程序，责装备股按其性质，或拆卸，或汇集，或装箱，或扎包，限时送交运输站。分别以汽车、板车、船筏，水陆并运，各因其宜。教职员、学生、教职员家属，以资助继续其后。一时蓉峨道上，飙轮竞驰；青衣江头，舳舻相接，渐见山城冷落，寺门荒凉，弦歌歇处，而迁校之工作毕矣。

溯自迁校工作于二月一日正式伊始，迄三月十五日办理结束，除狂欢节、阴雨、例假外，为时不过匝月，已将母校在峨部分搬迁一空，工作之速，殊属出人意料，推其原因，固由于奉派人员之奋勉将事，协同努力。实则更有一事为其主宰，即刘秘书长四大连环策略运用之成功是也。四大策略为何？曰分工、限时、会报、考核。盖自迁委会开始办公以来，各股主任，每日上午十时，必于办公处参加会报。该项会报，以秘书长为当然主席，届时各股例先报告其工作经过，并借聆秘书长指示，事无巨细，例必限时完成。而各股提出讨论之问题，经决议施行者，亦复如是。散会后各负其责，各尽其力，各遵其限，各竟其成。明日午前十时，又复如此。是以分工、限时、会报之办法行，而考核自在其中。循环往复，人不计后，加以刘秘书长明达干练，以身作则，朝进夕退，躬亲统理，其所以收效宏大，能计日完成迁校工作者，岂偶然哉！岂偶然哉！

今母校阵容，已呈现于濯锦江畔，高楼巍峨，校址平旷，黄校长得道多助，视事以还，迭经四川省府拨助巨款，复有地方人士慨然捐献，总数约达一千三百万元，除实支迁移费约三百五十万元外，余额全部作为建筑费，行见讲堂宿舍，分批完成。教授充实，学生增加。都市生活，供求称便。有文化对流之益，收学术观摩之效。

恍若久客还乡，真乃避地重回，从此母校跻于康乐之途，可悉力继谋发展。所冀抗战胜利后，能将任前校长原计划建筑之校舍，扩充完成，则危楼大厦，壮丽堂皇！一曲锦江，数行垂柳，蜂蝶对舞，花木成林，学术握世界之牛耳，人才为天下之英杰，斯又笔者理想中之新川大，窃尝馨香祝祷其成功，谅亦早在我校长黄公规划之末者欤！

编者按：迁校工作开始时，成都方面只有工务布置两股，嗣因事务繁忙，乃经校长条谕设立迁校委员会成都办事处，聘请农学院彭院长家元、杨主任允奎分任正副主任，张重持为秘书，下设总务、保管、咨询、布置、工程、运输等六股及学生服务队，各股队负责人：总务股刘成璧谢子和，保管股张重持胡启明，咨询股徐康宁张曼生，布置股蒋梦鸿祁治平，工程股杨介眉刘绍邦，运输股吴右瑜邓克明，学生服务队长李更生。各股各设干事及助理干事多人，均由本大学职员兼任。办事处于二月六日正式成立，至三月十五日以迁校工作大体完成乃行撤销，就全体工作而论，成都办事处亦有不可磨灭之功绩，特为补志如上。

（原载《川大校刊》一九四三年第十五卷第一期，原题《本大学迁回成都之前后》）

炽　冈：
将成都的中等学校，作一个简略的介绍

讲述人生平不详。

"万象更新"的年节里，一面听到咚咚的腊鼓声，一面看到成千成百的活泼青年在准备着入学试验。各报纸的广告面积十之五六，被"×××中学招生""××师范招生"占用了！这正是新生中的新气象，也正是新成都的新气象，也即是新中国的新气象！我们谨祝他们升学胜利，并愿意将成都的中等学校，作一个简略的介绍。

一、学校名称一览

省立者计有：四川省立师范学校、幼稚师范科、成都中学、成都女子中学、艺术专科学校、高级农业职业学校、高级染业、高级工业职业学校、成都女子师范、制革职业学校、成都女职、高级医学职业学校、石室中学。市立者仅成都市立中学。县立者计有：成都中学、成都女子中学、华阳县立中学。私立者计有：树德、成城、甫澄、蜀华、新蓉、济川、天府、大中、敬业、立达、成公、民新、协进、建国、大同、培英、华西协中、高琦、金大附中、航委会子弟学校、荫唐、清华、南熏、大成、西北、中华女中、益州女中、华英女中、中华美女中、西南美专、南红艺专、仁济医科、志成职校、四川国药专科、计政专科、国术专科、音乐学校等（各科补习学校未列）。

二、校况种种

各校的人数多少不一，大概在四百人至两千人之间，总计全市有九万多人（以七十三万人口的成都市来说，此数目当然太小，故犹需教育界的努力）。各校初中生的年龄多在十四五岁，高中生的年龄多在十八九岁。学校因为系军事管理，所以通学生很少，各校的设备，大致都很完善，不过也有特别完美的（如树德、甫澄、石室、省成中）。各校的先生，尚称合格，近年来因为生活的关系，许多大学教授，也愿意在中学里兼点课。各校的学生，自然是良莠不齐，不过，一般的标准尚在中平以上，并且有特别好的，如石室、华阳县中、树德中学，树德的学风与成绩，可以与南开中学、扬州中学并比，他们的校友，满布在各大学里。

三、纳费与就业

公立中学的学费，自然是很有限，但私立中学的学费，的确会使人头痛，上期每人须纳费五万五千元。听说下期有增加到七八万的可能，因此之故，失学者不知有好多！听说有些学校，专以赚钱为目的，这种以教育机关来作图利商场的，确有迫令改革的必要！这九万多中学生，每年升入大学的不到三分之一，而大部分的走入社会谋生活，但职业因为"僧多粥少"的关系，他们感到了不可解的苦闷！

四、尾声

成都的中等教育，尚需加强的努力，这是每个人的愿望！听说川省新任教育厅厅长刘明扬氏，将有一番新的表现与作风，这是值得喜慰的。

一九四六年元月二十九日晚于川大

（原载《中央周刊》一九四六年第九期，原题《成都中学学校介绍》）

佚　名：
使他们深深地思索现实问题，追寻光明的出路

讲述人生平不详。

　　如果说以往两年内战的灾难，并没有使成都的青年学生感受到切肤之痛，那么今年十个月来残酷的现实生活，却带给他们深刻的教训。普遍的经济崩溃，使他们的生活陷入了穷困饥寒的惨境；反动派种种不合理的政治、经济措施，以及加诸青年学生的无理迫害……这些都是把他们从沉睡中唤醒起来的重要因素，更进而使他们深深地思索现实问题，追寻光明的出路。
　　然而，最实际而深刻的一课书，是四月九日督院街省政府门前的鲜血！
　　当川陕公路和扬子江不断地向外输出食米的时候，成都平原便发生食米缺乏及价格猛涨的现象。各大学学生便发出了要求蒋政府平价配给食米的呼声，省府经过一周的推脱敷衍，仍无答复，他们不得不去进行请愿。殊不知新任省主席王陵基给予数千青年的答复，

是皮鞭、枪托的抽打，刺刀的乱戳，绳索捆绑和监禁！当天被打伤刺伤的三百余人，被逮捕的一百二十余人。四月九日晚上各校还弥漫着哀痛的哭号和忿怒的咒骂！有不少的青年团团员立刻撕了证章，沉痛地说：这样子对付我们，我们还干什么呢？

但反动派这种残暴的行为，并没有把人们求生的欲望镇压下去，相反地，它更激起了青年学生们的反对和仇恨。在各学校学生用罢课来争取被捕同学的自由中，华西大学是以从来不曾罢过课的医学院的同学领先的。他们平日由于功课繁重，是什么事情也不过问的，而这一次他们行动起来了，他们勇敢地走在斗争的前面！

四月九日的鲜血撞响了警钟，它把所有沉睡在迷梦中埋头在课本讲义中的青年学生惊醒起来，去注意现实的发展。

四月以后，青年学生的团体活动，以飞跃的速度向前发展，音乐的、文艺的、舞蹈的以及学术研究的集会，每个学校在一周中必定有好几起。他们已感到集体力量的伟大、人与人间真纯的热爱，以及欲求了解现实的饥渴。《跌倒算什么》《别让它遭灾害》等歌曲流行着，《东方的暴君》讽刺剧受着普遍热烈的欢迎，人们长久被压抑的思想和情感要求解放了！

但是，当过完暑假再回到学校时，他们发觉情境变了：开除、传讯、写保证书，以及学校的严密管制、昂贵的学费等等，已经把学校造成了黑暗、冷酷、恐怖而悲惨的地狱！

八月二十日蒋政府以"肃清"学校中的所谓"匪谍学生"为由，开始大捕同学。计专科以上学校被捕的即有川大十二人，华大四人，成华三人，并于九月初又向各校发出拘票，到月底止，已在一百张以上，而川大一校即占二分之一。另外，学校当局加强学生生活活动的管制，一方面限制、监视一般同学的团体活动，一方面纵使学校特种组织社团，企图笼络欺骗同学。秋季开学时，每人必须黏贴相片填写的保证书上，规定不得请愿、游行、参加"非法"社团等等，不啻要他们甘为奴隶的卖身文契。至于借故开除学生，五六个专科以上学校总计不下四百余人，而华大一校即在百人以上。增加学费更是华大一马当先，本期比上期增加了八百一十万余倍，（上期八十万元法币，本期二十五元金券！）这把多少青年撵出了学校的门槛！而进了学校的，许多是靠典卖衣物来凑足学费，许多要靠教授们的一纸人情担保欠费，才免于失学的。

在"肃清""管制"的威逼与特种人物的肆无忌惮的活动之下，同学是沉默下来了。但是，他们屈膝在法西斯魔掌之下了么？没有！当他们经过了历次实际斗争的考验，特别是血的四九和秋季的迫害，他们的认识已变得更为深密，爱憎已更为分明、强烈，感情已更为激烈。今天，压抑在青年学生头上的重担，第一个是社会经济崩溃给予他们的生活艰困。七月里每人每月最低伙食费只要四百万元，但在十月就起码亦须十五元金券，合法币四千五百万元，对比之下，两月中涨了十余倍。其他衣服、日用品等，亦莫不增高十倍以上。而家庭经济的来源又日趋短拙。衣服可以将就破旧的穿，用品可以尽量节省，但是饭可以不吃么？生活的困穷，不能不使他们发问：这是什么原因？来自农村的青年眼看着蒋政府缴去了家里收获粮食的一半，致使家人陷于饥饿的状态，他们焉得不愤怒？"币制改革"以来扼杀中小工商业的管制，直接造成了连他们在内的广大人民的灾难，他们难道一点不感觉痛心？生存的威胁，从来没有像今天一样紧逼着每一个青年学生；但，他们是不愿死的呵。

其次，天堂似的成都，自从去年宝鸡蒋军一度失守之后，它在一般青年学生的脑海中已经不是世外桃源了。外面的战火一天一天地逼近天府之国的门槛，各县纷至沓来的骚乱和民变，当政大员不断地各方奔跑，这都使他们感觉到：四川再不能"太平"下去了，激变的日子要来了，但是，他们是如何来衡量这变呢？

在一切走投无路的时候，青年们是不怕变的。相反地，谁都知道现状一定会迅速地向着好的方面变。他们等待着、期望着这新的日子的到来，而无数的青年学生，已经勇敢地迎上去了。

不管一切的迫害是怎样加紧，成都的青年学生已经历沉睡、觉醒、希望——这样一段长远而艰苦的道路；现在虽然听不见他们叫出宏壮的声音，但是，希望的花朵正在开放，忿怒的暗流正在增长！

十一月十日

（原载《群众周刊》一九四八年四十六期，原题《现实推他们前进》）

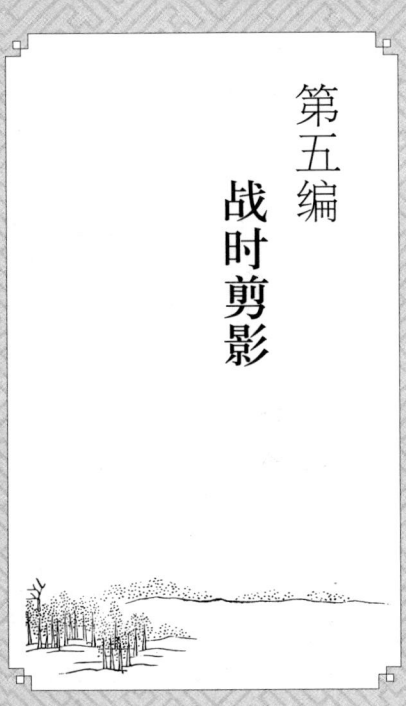

第五编
战时剪影

沈爱蓉：
负有民族复兴根据地重任的成都是个怎样的情形呢

讲述人生平不详。

抗战至今已有一年七个月了，无数的土地印上侵略者的兽迹，无数的同胞受尽了颠沛流离、欺凌侮辱的惨痛。后方的一个重镇，负有民族复兴根据地重任的成都是个怎样的情形呢？是安乐窝？是桃花源？是名副其实的民族复兴根据地？请看笔尖写成的剪影。

增加了两万人

第一要说的是现在成都有多少人，支持长期抵抗争取最后胜利，人是个先决问题。在抗战与建国并重的现阶段，后方的民众和前方军队是同样重要的。成都全市人口统计，在去年一月人数是四十六万四千一百九十一。到了八月份，增至四十六万八千二百九十五。自从长江中下游的各城镇相继陷落后，大部分的人民都溯江而上，重庆和成都都增加了不少人口。因为交通不十分便利，而且成都只是个省会，不像重庆是新首都，所以人口增加的比率上，比重庆少些。最近成都大约是四十八万八千二百九十五人。（当局尚无精确统计，只照户口人数增加约计如此。）此八月份增加两万人，和重庆人口增加二十万的比率是十分之一强。这所增加的两万中，百分之九十九是所谓"下江人"，就是从沦陷区域逃难来此的难民，等于香港的"外江佬（婆）"，其余的百分之一是原籍四川、侨居外省、因战事而回故乡的四川人。

各色难民的生活

难民的数目既占成都最近增加人口中百分之九十九，他们的重要是可想而知，他们的生活也值得提一提。难民可以分好几等，尤其是成都的难民和过去的汉口、现在的重庆无家可归的难民不同。成都的难民大半是"中等难民"，"高等难民"占小半，真正的难民仅少数中的少数，最大的原因仍是交通不便利，高等难民都是"飞机阶级"，花上几百元钱，几个钟头就可从重庆、西安、昆明飞到成都，到了成都没事干，包包里（四川人叫口袋为包包）钱又要作怪，所以尽想些花钱的方法出来，过那寓公生活。中等难民是从汽车路往来的：二三十元钱，两三天就可到成都，包包里钱并不多，坐吃是容易山空的，就花些资本开些下江店赚些钱过活。春熙路、华兴街、总府街的津津（粤菜馆）、浙江鸿运楼、上海菜饭店、沪粤粥店、上海酱油肉松店，都是中等难民谋生之道。有一部分中等难民是公务人员，生活只依六折薪水来维持的，更有只身来蓉，以谋一技之栖的。真正的难民如难童和流亡学生，政府都给他们相当的救济。难童有保育院收容养育，流亡学生分配到各学校去念书，除此之外，普通的难民就很少了。成都没有一个难民收容所，新生活运动促进会妇女工作委员会主办的妇女难民工厂，到今天还只是几个本地的贫苦妇女在工作，真正的难妇一个都没有。这并不是它比旁的地方更安全更太平，而是交通工具太少，把难民都停滞在宜昌、万县、重庆了。

穿上新装的春熙路

我们已经知道成都增加了两万人口，带来了不少的现钱，带来了都市中的繁华，也带来了较高的文化，所以成都市顿时繁荣了，像个学时髦的乡下姑娘似的时髦起来了。春熙路上，立体式的三层楼房，不断地增加着，大玻璃橱窗和美艺化的装潢，足使成都人眼花缭乱，甲虫似的流线型汽车在混凝土的不十分宽广的路上爬来爬去，时常使行人侧目而视，黄包车夫看见汽车来了，老远地歇在街旁，等汽车过后，才敢拉过去。飞机型电烫头发、一九三九年的新大衣、飞机师穿的皮大衣，把春熙路点缀得豪华而富丽。虽然其他几条街仍是那么不平狭小，房屋是那么低矮湫隘。

成都人的生活很悠闲的，下江人有下江人"耍"的地方和方法——

看电影、上馆子；本地人有本地人"耍"的地方和方法——坐茶馆、抽长竹竿旱烟、养鸟。

渐渐抬头的工商业

成都是偏于西陲的一个省会，群山重峦中的一块大平原，因为成都睡在群山怀抱中，交通很不方便，重工业不必说是没有，连轻工业也极少，只有手工业和小工业，由于舶来品和"下江货"（就是长江下游各商埠以及上海香港运川的货物）的充斥，手工业和小工业都是奄奄一息，苟延残喘。抗战以后，运输更为困难，洋货和"下江货"都不容易运来，却给土货一苏醒复活的好机会。成都著名的手工业如牛羊毛（实用品）、蜀锦（奢侈品）等都欣欣向荣，颇有起色。加以增加了两万人口，消费加多，购买力增强，各种商业都是生意兴隆，市面颇为"景气"。尤其是新药业和五金等，因军事上的需要，获利更大。

现在市政府对于手工业和小工业，非常注意，已由华西大学和金陵女大社会系开始调查，预备改善他们的生产，并在经济上辅助他们，使这幼稚的手工业小工业发扬光大。最低限度也要使手工业和小工业的出产品能够代替全部或一部的洋货，能自给自足。进而能巩固和增加后方经济力量，争取最后胜利，建设新中国。

活跃的青年男女

救亡运动在成都，虽然不能像重庆，但，已是白热化了，远的不说，最近劝募寒衣运动，就有青年记者学会、"学生"集训总队、热血剧团、全市妇女界等团体，举行劝募寒衣运动，共得捐款两万元左右，除了这些之外，各团体各学校和个人，都有捐款送到募寒衣运动委员会去，各报馆也收捐款，每家有数百十元的数目。

救亡团体，成都也不少，如妇女、青年、工人、学生等的抗敌协会、大声社、大众壁报社、星芒社等都是不愿做亡国奴的青年男女组织成的，他们组织宣传队、歌咏队、话剧队到成都各条街和附近各县去宣传，增强民众的民族意识、国家观念，同仇敌忾。兵役问题能够较顺利地解决，他们是有一部分的力量。总之，成都的青年男女的血是沸腾的，心是坚定的，为着民族解放努力着奋斗着，准备着牺牲一切。

镇静的成都人

上个月敌机曾到成都城外下过两次蛋，掘了一百多个窟窿，炸死了两个人。最初，没有看过飞机下蛋的成都人有些"不舒服"，一部分人自发疏散到各县去。后来，觉得敌机的拿手好戏不过如此，大家也就不放在心上，很镇静地过着日子，工作着。虽然有一部分学校和机关改了上学和办公时间，这不过是消极防空的一种，防患未然，以免无谓牺牲而已！

　　成都现在很安定，很积极，我可以大声地报告《大风》各位读者。

附：离乱音书

丹林先生：

　　接连收到两封信，使我一愁一喜：愁的是《大风》暂停了，喜的是《大风》定期出版。

　　空袭后的成都，曾一度人心惶惶，有逃到乡下者，学校改变上课时间，机关迁地办公；金融也变动了些，本来一元可换二十吊者，几天内一泻至二十二吊，也有以大批铜元运至外埠。最可恶的是收买铜元改筹铜块出售，十元铜元，可售三十几元，牟利之徒，趋之如鹜。以致市上铜元大跌，物价因而提高。幸市府严厉取缔，才渐渐平静了。

　　最近市面很安定，敌机有一个多月没有光临，人们也好似忘记了这件事，电影院场场客满，酒菜馆家家满座，一切商场生意兴隆，毫无战时状态和战争的气息，一点也嗅不到。

　　"香港尚穿夹衣"，我羡慕你们的幸福，成都已生火盆（火炉要六十大元一座,穷小子怎买得起），丝棉袍子、绒线衣服"亨白冷"（沪语，全部）都穿起来了。成都气候潮湿，所以比较冷些，幸而没有刮风，还不致冷得刮面刺骨，不比上海冬天的西北风吹得人上下牙齿交战那么厉害。

她是否已离开香港？如是真的，您要很感伤吧！一个知己如"她"一日别离，总是件使人皱眉头的事情。先生当有同感！

战区日扩，出版界影响不少，这是无可奈何的事，只有大家努力争取最后的胜利，一切才有办法。请常常写信给我。遥祝曼福。

一九三八年十二月二十一日寄于成都

（原载《大风》旬刊一九三八年第二十五期，原题《战时成都剪影》）

张有民：
四川是中华民族复兴的根据地

讲述人生平不详。

"四川是中华民族复兴的根据地"，一年以前，报纸上和要人的演讲中就这么说。

记者于十月上旬入川，坐在成渝道上木炭汽车中，在螺旋形山道上走，回头一望，汽车好像大虫，一个个地在下面爬行，煞是可观。同车有人说：以我们四川这样的天险，日本人无论如何也来不了，所以蒋介石说：四川是中华民族复兴的根据地，一点不错。啊，原来如此。

成都是四川省会，抗战发生以来，它的动态，我想是各地人士很渴望知道的，特撮其一二，以飨读者。

一、避难的贵客

　　抗战以后，本省居住外边的人不用说都回来，就是外省人来避难的也不少，他们大多数是有产者，过惯京沪一带的优越生活，要马上俭朴下来，是不容易的，所以成都的生活程度被提高了。这里的房租比从前贵了一两倍，押金在房租十倍以上，因为应酬的关系，明湖春、荣安园的酒席生意好了，新又新（川戏）、春熙大舞台（京戏）和许多电影院都被挤得水泄不通，成都的社会，就这样"复兴"起来了！然而，好景不长，太原失守的消息传来，惊破了他们的迷梦，敌机来到怎么办？乃成为他们唯一的忧虑。于是本省人多回乡下老家去，客居者怕土匪不敢往乡下搬，多搬往灌县去。然而毕竟走不了的占多数，住就成为很大的问题，既要方便，又要不挨着什么机关，避免成为轰炸目标，这真不容易，因为东西南北恰巧都有四个大校场，而各军事机关又都分散开来，于是东城的搬西城，西城的搬南城，究竟不知道哪里好，真苦闷啊！

二、社会的一般

　　成都有三多：茶馆多，小食店多，厕所多。每条街上，都可以找出四五家小饭铺，而饭铺对门，多半是公共厕所，入夜茶馆拥挤，听说书的人坐满了，站在街上听的不少，说的无非是剑仙侠客之类。街上的游人真多，倒背着手慢腾腾的，车子来了任你怎么叫都不生效，除非用手推开他。最繁华的春熙路，下午要双倍警察，才能维持秩序。这种悠闲而又热闹的情形，和前方比较起来，简直是两个国家。

三、青年学生们

中学学生在学校当局严格管理和功课重压之下，没有机会，也没有时间来做救亡工作。这里的中学学生，隔前线太远了，一向过着平静的生活，从来没有动过，无论反动也好，正动也好，一概拒绝，还要讥笑参加的人。大学学生比较自由，但多半沉静得像五十岁以上的人。进了大学，应该高视阔步了，什么救亡工作，那是浮动；他们没有求真理的精神，无论什么团体，一听人说有政治作用，不问真相，退出否认，非弄它坍台不可。

四、救亡运动情形

这里的救亡团体有省抗敌后援会、文化界救亡协会、学生救国联合会、民族解放先锋队、抗敌干部宣传队、国难教育保进会、国防剧社等，川大、华大更有研究会、歌咏团等组织。其中省抗敌后援会是官办的，各校都有支会，支救会最近因校长会议议决不参加，并呈请政府停止津贴，结果有一百多人声明退会，但并没说出理由和原因来。学联会以个人为单位，为一部分热心救亡同学所组织，因为环境关系，早已不活动了。民先队是个半公开的组织，很积极地参加一切救亡工作。抗敌干部宣传队是属于后援会的,每礼拜下乡宣传一次,已有很好成绩。国难教育促进会是最近才成立的,由各校学生组成,但还不普遍。国防剧社最近曾公演田汉编的《抗战》,成绩虽不太好,但很有希望。此外川大后援会歌咏团常到电台广播救亡歌曲。

这里的刊物有《国难》三日刊、《大声周刊》《抗敌周刊》《星芒救亡联合周刊》《成都少年》《新时代》《抗日先锋》等数十种。《国难》三日刊出版不到三个月,它给人们以正确的时事分析、抗战理论、国际动向和各地通讯等,打破成都这沉寂的空气,非常行销,但在本月初突以奉令停刊,许多人都很奇怪而且热烈地希望能早日复刊。后方的精神粮食和前方的枪炮子弹同样的重要。其余的刊物大致都是以促进团结抗日救亡为总目标而努力着。

最近发生了几桩不幸的事件,如停止救亡刊物、禁止学生参加校外活动、严令统一思想、传讯教授等等。某中校长曾说:"救国的到前线去,读书的到后方来。"这样话,出在领导青年人的口中,令人不免悲观。在这民族生死关头,只有集中一切力量,打击最大敌人——日本帝国主义和汉奸才是呀!记者希望照这原则,民众能在政府领导之下积极从事救亡工作,能有救国的自由。

(原载《在祖国的原野上》,战时青年社一九三八年版,
原题《"复兴了"的成都》)

亚　影：
国耻重重的五月，我们要把它改变成热烈的狂欢的五月

讲述人生平不详。

　　自从全面抗战开展以来，全国的剧人都为救亡宣传而深入内地。上海业余剧人协会于去年十二月在武汉公演《塞上风云》《夜光杯》《故乡》和参加劳军公演的《最后的胜利》后，就逆江西上，来到这民族复兴根据地的四川。

　　经过宜昌，由当地抗敌后援会协助而举行了两天劳军公演，演出的节目为《故乡》《小黑子》《毒药》《三江好》《放下你的鞭子》，募集了两千余元，而宜昌的戏剧空气因之更浓厚紧张起来，并参加了一次救亡歌咏演奏会，就继续西行，二月初到了重庆。在重庆第一次公演宋之的、陈白尘由《威廉退尔》改编的五幕十二场《民族万岁》，内容是充满着血泪的现实史事，描写东北沦亡后我同胞惨遭倭寇奸淫、抢劫、屠杀、毁烧的种种蹂躏，甚至叫我善良忠实的农民拆毁自己的房屋去盖造监禁自己的牢狱，施行父亲射击自己儿

子的刑罚，四省农民忍无可忍而团结起铁一般的力量，高举与敌人拼命的烈焰，拿起所有的武器，把吃人的监牢和倭寇的兵营打倒烧毁，把一群兽兵赶跑，至今更在白山黑水间为复兴祖国流血、牺牲、奋斗着。用扮景和变光来很迅速地演出这五幕十二场的《民族万岁》效果很好，便安居后方的民众更深一层认识倭寇的残暴，加强抗战的意志。以后继续演出《故乡》《夜光杯》和赵慧深从《夜未央》改编成的《自由魂》。《自由魂》是描写北平学生及不愿做奴隶的人们做秘密除汉奸和接济游击队的工作，指示青年牺牲私情的爱而去爱国家、爱民族，最后剧中的李曦华炸死了助纣为虐的大汉奸，同时他亦同归于尽作壮烈牺牲，他的爱人不出眼泪哀悼他而继他未竟的遗志和敌人血拼到底，故事使人深深地悲痛而令人生为祖国奋斗的热情和雄心。

此后为重庆童子军战地服务团筹募经费演出两场《故乡》，得款千余元。由市党部协助举办了四场免费公演。参加重庆市劳军公演一两天，演出的是《祖国进行曲》。参加这次公演的有国立戏剧学校、怒吼剧社等十三个团体。三月底又到离重庆四十里的广阳坝作农村公演，演出的是《八百壮士》《三江好》《小黑子》《毒药》《大家一条心》，当地军民观众数千，无不切齿痛恨倭寇、汉奸的野心兽行和崇敬我国军的忠勇壮烈。

四月初由重庆来到四川文化中心的成都。成都的一切是安闲的，尤其是茶馆众多更显得优哉游哉的享乐生活和醉生梦死，在那儿听不见敌人的炮声，看不到敌机轰炸的惨状，所以市民的生活逸静沉寂。成都的救亡宣传团体在省动员委员会和省党部的指导之下是相当的努力，时常有剧团和歌咏队到乡间及城边附近公演。

上海业余剧人协会到成都后公演了《民族万岁》《故乡》《夜光杯》，承成都文艺界新闻界给我们许多协助和鼓励。我们在五月五日停止了剧院里的公演，而到中山公园和少城公园去演出街头剧，观众的情绪非常热烈紧张，他们是需要抗战意志和救亡教育的灌输。因此我们就想在五月国耻重重的季节里来一次抗敌宣传大会，发动艺术各部门，做文字上的总动员，当时自知我们的力量很单薄，承省动员委员会和省党部及新闻界给我们许多便利和帮助，我们在三天很匆忙的筹备时间里就热烈地干起来。八日的下午，少城公园公共体育场的中央搭起了一座临时舞台，幕前悬挂着五幅惊心触目的抗敌漫画，四时开始先作国耻演讲，接着歌咏开始，业余歌咏组全体同唱《中国的呼声》《打杀汉奸》《全面抗战》《焦土抗战》，最后台上台下同唱《救国进行曲》："……我们要万众一心……"八九千观众的吼声震动得每一个人都热血沸腾。在热烈的掌声中话剧开始，锣鼓声中舞台上表演的是《大家一条心》，在高呼"打倒汉奸""打倒东洋鬼子"的呼喊中完了，第二个戏是《毒药》，做汉奸的恶收场大快人心。第二天，五九国耻日的下午演的是《九一八以来》《八百壮士》。今天的观众比昨天更拥挤，有从茶馆里跑来的悠闲客，有车夫、粗壮的工人、憔悴的难民、家庭的主妇、学生、童子军、提篮的小贩、商店的学徒，有大学教授、朴实的农民、武装的弟兄、瘪嘴的老太婆，他们的服饰和容貌虽然不同，可是他们面部的表情是一致的，他们的心也是一致的，痛恶日本残暴的军阀，唾弃无耻的汉奸走狗，歌颂崇敬我英勇的国军。在有钱出钱、有力出力、不打麻将、不抽鸦片烟的喊声中闭幕了。

这次演出不过是个起始，以后希望能和当地的一切救亡团体合作，继续不断地举行。沉痛的五月，国耻重重的五月，我们要把它改变成热烈的狂欢的五月，抗战胜利后成为国庆的五月。我们现在除了在戏院中继续公演《自由魂》和宋之的新编的《旗舰出云号》外，我们组织了移动演剧队，尽可能到工厂、田庄、兵营、学校、街头、公园去演。戏剧是属于大众的，尤其是救亡戏剧，更应如日光、空气一般的给人公平享受，唤起人人为国家贡献一切，甚至于生命。在我们准备中和排练中的有《民族公敌》《反正》《有力的出力》《老爷不走了》《炸药》《折桥》《打鬼子去》《天津的黑影》《盲哑恨》《疯了的母亲》《觉悟》《难民曲》等，随时做免费公演和街头演出。我们并想对我出川杀敌的将士做几次慰劳和欢送的公演。

（原载《抗战戏剧》半月刊一九三八年第二期，原题《从武汉到成都》）

孟 起：
从西安到成都

讲述人生平不详。

从西安到成都有一千一百公里光景，照理六日可达，可是吾们走了整整的十二天——而且还算是得了许可特别通融的。

刚到西安时候，很注意一下播说中的所谓"磨擦问题"。自经双十二事变以后，陕西一直被人认为是政情复新的地方。具体地说，就是大家以为在陕省，在朝者与在野者之间，国民党与共产党之间，有着"典型"的磨擦的现象。笔者在汉口的时候，早就听到许多传说。一到陕省实地探询以后，始知实在的情形并不为传说之甚。国共两党的地方首脑部大致还能和衷共济。共产党的机关刊物《解放》曾被一度查禁过，但现在《解放》在西安市上已能半公开地出卖了。这证明党政机关有意息事宁人，而《解放》方面，言论态度也力求谨确。我们当然希望国共两党有更亲密的合作，但双方这样的态度，不能不说是有裨于统一战线的。据熟悉当地情形的人谈，以前陕省所以有些风风雨雨，乃是由于一班另具肺腑的人在挑拨离间。有一些刊物，例如《抗战与文化》《挺进》之类，喜欢望文生义，断章取义地和共党打些笔墨官司。有时这一类文字不无挑拨感情的恶果。笔者离陕以前，听说因为各方都对这类刊物表示不满的缘故，有停刊的可能。这又足以证明政府方面对统一战线也有着极准确的理解。尤其是最近，所谓"左派"刊物，对政府的善政时加表扬，并不如一些人所播弄的"专门批评政府"。根据在陕的观察，笔者觉得有几点感想。第一，对于磨擦问题，大家不宜疑神疑鬼，以有如无。吾们当然不主张讳疾忌医，说国内无所谓磨擦，或者说磨擦对抗战全无影响；不过大家万不能把磨擦的现象看得过于严重，好像朝野之间真有什么鸿沟似的，以致奸人可以乘机造谣生事。第二，要减除磨擦，只有把大家的关系加密起来。一方面自言无他，一方面却又拒人于千里之外，那是不足消除人家的疑虑的。必须和各方面多多发生关系，使别人久而久之，对自己自有准确的认识，那时就有人挑拨也不要紧了。第三，陕省方面所谓"左派"刊物的态度，笔者以为很值得仿效。奸人挑拨离间，总说是有一班人专事"攻击政府"，"暴露政府弱点"。一些刊物对政府的有贬善褒正坐实了他们的播弄。抗战以后，我们的政府在各方面都有了很好的变化——当然不能说已经一切尽如人意——这些事实与其结果，"在野"的刊物要指陈出来，这样可以击破奸人播弄的"左派专门攻击政府"的谰言。巩固统一战线，这似乎是一个有效的办法。

笔者由陕入川，是在四月六日在西安启程的。由西安到宝鸡，本来可以坐火车，但因为听说宝鸡搭乘汽车不易，同时恰巧有从西安直放宁虎的汽车开驶，于是就托了公路局的友人设法，搭上了所谓"羊毛轿子"[①]。搭这羊毛车的一共只有六个人，车身轻了，又加要赶路[②]，开得很快，所以颠簸得非常厉害，就似我这样一个向不晕车的人，颠到岐山光景，也几乎呕吐起来。下午四点多钟，到了凤翔，在那里因为停留甚久，到宝鸡时已经天黑了。在西安时有朋友介绍宝鸡的站长，我一下车就去访问他。那站长姓王，河北人，颇像精干的样子。我知道宝鸡的情形很不容易应付，而且目前这站长还被军人殴打过一回，所以首先就问起他车运的情形。据他说，旅客挤，车运忙，都没有什么，最感困难的是行政上的事权不统一。以宝鸡站而论，可以直接指挥他的有三个上级机关，第一是他所直属的交通部西北公路运输管理局，第二是第八战区司令长官公署，第三是后方勤务部的汽车大队部，"婆婆"一多，难免发生误会分歧，莫知这里的情形。我对于那里的车运情况虽不熟悉，但听他娓娓说来，觉得讲得很中肯。和他谈了一会，就去找旅馆歇宿。我将出去的时候，看见同行的旅伴还有踯躅街头，一问始知他们还没有找到宿处。在被黑暗吞没的街道中，也全是憧憧往来的人影和骡车上的吆喝声。我一看情势不妙，急中生智，猛然想起西安有一个朋友介绍过一家凤汉客栈。走到那里，只见满院子里都是人。那里的房间是早满了，总算是我说起了友人某君，经理特别设法，把他自己住的一间

[①] 苏联运货的汽车，加盖车篷，都叫羊毛轿子。
[②] 从西安到宝鸡有二百四十三公里，为此行最长的一段路程。

腾搬出来,这样幸而宿处得到了解决。部署既定,向院子里细细审视一下,在"保险灯"光下,才看清两排厢房前站的几乎全是穿着大红大绿的妓女。这边有一堆人在向姑娘们调笑,那边有一堆人在赌纸牌,真是热闹非凡。一想到后方这样的情形,不禁要打个寒噤,西安的物价已经很高了,宝鸡可还要比西安高,这是我从吃饭和买东西中经验来的。就如馍馍,西安卖一分一个,在宝鸡却要卖两分一个,其余用的穿的无一不贵。我和一家铺子里的人谈起物价情形,他微笑而言,谁不想趁这机会捞几文。我想这话道破了大部分的真相:物价的昂贵,不能诿过于什么求过于供,而实缘于商人的抬价图利。这一点,我不知道政府为什么不加以抑制?只要如物价统制委员会一类机关出来切实地调整一下,我想来往的商队难民便可沾无穷之惠。宝鸡还有一些临时客栈,用芦席搭成一个一个几乎不蔽风雨的棚子,但每晚要卖到一块两块钱。这在旅客物质上的损失,固不用说,即就卫生、公安的立点以观,有司似乎也不宜置诸不问。方今人民流亡于道的正多,我特别把这些情形记述出来,希望各地的政府能加以注意,解除人民痛苦,要从这种地方切实做起!

七日一大早就从宝鸡启程。天才亮不久,早有许多客人挤在汽车站前等候买票。车快开的时候,发生了一场小小的纷扰。原委是这样:从西安来的几个客人,隔晚就通知站上叫他们腾出前面的座位,但站上的办事人员疏忽了,把这几个座位的票号[①]统统卖了出

[①] 宝鸡汽车票这一次是"对号入座"的。

去,于是发生了争夺座位的情形。幸亏搭客都是比较明白事理的,自己里面调解了事,要不然站上准会闹得没有办法。据后来的搭客说,他们坐在哪里本来无所谓,只是可恶站上有时架子太大,特意给他们一些受训。由此可见公务人员第一不能疏忽,第二待人接物千万要和气,如其有困难,也应该委婉地解释给人家听。在这抗战期间,大家自然要相谅,但自己必须有可以使人谅解的地方,不然随时都可以发生纠纷。一出宝鸡不远,就爬上秦岭,这条路不能算坏,可惜小拐太多,下雨天爬行不易。一到黄牛铺,就全是平坦大道。下午二时才抵达凤县,大家在那里吃饭休息,我趁这机会到街上看了一下。凤县小得很,城里总共不满千户人家,救亡运动在那里看不到什么旁的踪迹,但在街头我发见了凤县抗敌剧团演戏的布告,和街上人谈话,他们一说到日本鬼子就谈起做戏时的情况,足见内地工作,戏剧确是较易深入民间的工具。由凤县开出,四点钟光景就到了双石铺,时间虽早,但因过去就有大山,决定歇在那里。双石镇虽是小市镇,可比凤县热闹得多。八日天未大亮,客人都爬了起来,为是从双石铺到汉中有一百六十公里左右,早些上路可以希望早点到达。不巧的是天上一直在飘着毛雨,站上不肯放行,直到十点钟光景,天才开霁,急急忙忙地开车,幸亏是新改的"羊毛轿子",不然有些地方简直不易过去。下午三时到庙台子。这一路上最使我注意的是看见许多患大颈病的人,有些颈项竟粗到倒挂在胸前。这些人多半是贫苦不堪的;沿途看见不少没有裤子穿着的人。车里有本地人说是饮水的关系,我相信是营养过分恶劣所致。庙台子据说是张良辟谷的地方，所以有一个规模非常宏伟的汉张留侯庙，庙台子之得名就是由这样来的。张良庙里有一个高台，是用石级曲曲折折建筑成功的，在台上远盼，周围几十里可以一望无余，这要算是沿途的一个胜景。从庙台子一过去都是平道。到留坝时已经是四点三刻。离开褒城大约有十二公里的时候，天色已经快黑了，恰巧车上汽油告罄；只能停在路上，幸亏后来的车上多带了汽油，这才借了一桶再走，绝尘而驰，一直到九点半光景才到汉中。一问城外客栈都已满坑满谷，进城吧，城门十点就要关闭，赶不及进去，一时几乎重感宝鸡的困难。幸而汉中站站长赵君经人介绍，留宿在站上，站中过道上也睡得有男女旅客，拥挤的情形由此可见一斑。

九日上午八时由汉中出发，先行驶回褒城再渡河西开。同车的有一个受伤归来休养的川军健儿和有个八路军的"荣誉战士"[①]。一路无事，便和他们杂谈前方抗战的情形。那位四川的健儿是在晋东阳关之役受伤的。他谈起敌军就只是重火器厉害，一接近交绥，他们没有不望而却步。他所属的一部奉令守求阳关三天，虽然工事尽遭敌人轰炸殆尽，他们还是守了四天才退。在谈论之间，这位兵士也觉悟到负隅死守不是办法。他又说起一件事，很引起我的注意。他讲起有一个他队伍里的伙伴落了单，因为看见远远一所房子里有灯光，便去借火休息，哪里知道里面扎的是配备日寇装备的伪蒙军。里面的兵士看见他非但不加杀害，反而招呼他赶快退出。这足以证

[①] 八路军受伤回来休养的兵士都有一块"荣誉战士"的奖牌。

明，我们如在前方向这一批被日寇威迫利诱的伪蒙军作政治宣传，一定能分散敌人一部分的力量。八路军的几位健儿同我说起，他们是在广灵一带受着重伤的，直至近时实在无法再工作了，这才回来休养一下，痊愈了还是要上前线的。七人中年龄不一，有的有五十几岁，最小的一位只有十九岁，他还是十三岁时参加八路军的。他们都有上十年左右没有回家了，这次载誉归来，受欢迎之情可以想见，他们告诉我八路军并没有饷，但在抗战后时有慰劳金发给。士兵和官长的精神上和物质上的待遇都差不多。就是高级的将领也不许打骂士兵，据说有一个团长因为打骂了士兵被黜为烧火的大司务。哪一个犯了纪律，他们用很民主的讨论的办法来处置，公意怎样罚就怎样罚。所以他们士兵和官长之间绝少什么芥蒂。我想这些办法都是很可供其他军队参考的。

　　从汉中到宁羌这一路要算五丁关最为险峻。两峰夹峙，中间只有一条狭路，那形势大有一夫当关万夫莫入之概。此外大抵是平路，就经山岭，坡势亦不很大，所以很早的在下午三时已经到了川陕交界的宁羌。

　　关于宁羌的情形，也颇有可以记述的地方。第一是人拥挤。宁羌本是一个小县城，比较热闹些只有城外的一条街。现在骤然增加起四五百的投车旅客来，自然见得满街都是人。跟着这现象而起的便是旅馆饭馆的暴增。本地人大概已经各尽所能地开设起旅馆来，做一笔临时的生意。譬如笔者所住的旅馆，原是一个禁烟机关的房屋，这机关的办事人才卸事，看了可以赚钱，便开起旅馆来。取费都很不贱，住久了的旅客自然很感痛苦。关于车运，川陕两局是合在一处办事的。可是陕局每天有车来，逢双日还不止一辆，车身又大，每辆可以装二十人。川局的汽车，可不一定天天能来，一星期只来一辆亦说不定。因此由汉中来的人都塞住在那里。路局里定了预先登记的办法，秩序虽比较好些，但因川局车辆太少，在宁羌候了半月一月的人还是很多。还有一件事值得记的就是宁羌有自行的辅币，有一种是保惠公司发行的毫票，先前在市上流通很多，但因一时这种辅币发生了问题，市上拒绝收用，这时小民很感不便。现在已经当地机关设法兑现，总算可以照常使用，但是这类私家发行的东西，既经一度动摇，人民收用总觉有些惴惴然。另外再有南郑商会发行的通用券，票额是两串，在市上是抵五分用的。至于政府规定的辅币，则在市上反而少见。笔者觉得这类辅币，政府应设法逐渐收回，不然一有问题时影响细民生计者非妙。内地类此的情形很多，这似乎是地方当局应该注意的一件事。

我在宁羌因为候车耽留了四天。经站上特别设法，在十四日才得搭乘棉籽车①。棉籽车是敞车，人蹲在棉籽上，一颠一颠，像是要抛出来的样子，着实有些危险。可是也有一种好处，没有了车盖，上下左右，得以洞观无碍。十四这一天，因为是下午才启程的，只能以广元做目的地。以宁羌到广元，山路多于大道，坡势虽不大，然而拐弯太多，车子不大容易开。川陕两省，似乎是以关沟桥为界，

---

① 最近四川和陕西运输棉籽的汽车很多，没有客车，就借此附搭客人。

过了关沟桥，路就渐渐地好起来，路面大多铺上了碎石，好的几段，竟同行驶在柏油路上一样。这一路以北段的西秦第一关最为雄壮，危石矗立，中间迸出一条大道。离广元还有几十里的地方，一面是石山耸出，一面是河，几乎是没有路的了，但就在这危石倾盖之下，凿出一条路来，汽车一走进这隧道，眼前一暗，人的背脊上也顿时一凉，因为望望上面的石盖，就是最大胆的人也要为之心悸的。五时许，车抵广元。广元城相当大，市面也远胜宁羌，我还看见一家火柴公司的招牌。至于旅馆饭馆之挤，一如宝鸡宁羌。

　　十五日晨登车的时候，又目睹了一桩纠纷。隔日和我们一起开来的还有一辆棉籽车，上面也有几位搭车。但不知怎样，据站上人说，这棉籽车私自开走了，站上并不知道，这时车辆很少，搭客自然着急，向站上交涉，站长这还好，负责表示设法，中间忽然插出一位职员，说这些事是站上的事，客人不用闻问。站上给车子走了都不知情还不要说，反而不许客人向站上置喙，这自然要引起客人的反感。经客人一质问，这位职员才词塞而退，终于这客人也换乘了别的车辆。我几次经过川省公路局的车站，都看见墙上涂着"安全、迅速、准确、便利"是川省公路的四大原则的标语。我希望川局的办事人员能切实做到这样，不要让标语成了一块空招牌。广元出去不远，就是昭化。十点多钟过剑门关，这算是这一路最高的所在。一向听人说剑门关的胜迹，但走过来反觉平淡无奇。大概是以前的隧道吧，路的两旁都种着柏树。有些盘根错节，总有了几百年的历史。汽车驶过的地方，两面都是碧绿的麦子，四川是天府之国，这话真不假的。十二时到了剑阁，没有进城就向南直驶。这中间也经过一座山坡，汽车的机件又不行，屡行屡停，坐在车上也倍觉费劲。二时许过了武连驿便全是平路，到梓潼时大约是下午四点钟光景。在梓潼歇息的汽车很多。那里检查也比较仔细。翻箱倒箧，同车的人颇有不愉之色，检查的人才去，他们啧有烦言。我劝告他们，在这抗战期间，吾们应该接受一切的检查。吾们宁可麻烦些，不要因为怕麻烦而闹出有害国族的大乱子。不过，就沿途所经的检查情形说，我以为也应累累地改善。第一，我想最好在一相当地段内，经过一次详细的检查后，似可发给一证明的东西，在此地段内便可免去检查。在地居冲要的地方不妨重新检查，这种比逐站随地的检查较为方便。第二，关于检查的要项和技术，似乎需要切实的批示，因为就我所看到的情形，有些人检查，乱翻了一地，似乎是漫无目的，这不但要惹起旅客的反感，而且检查工作本身也失去了意义。从梓潼出发走了两点多钟才到绵阳。看看过河即达，但就在这盈盈一比间，汽车在渡船上又耽延了半个多钟头，等到找着旅馆时天色已经大黑了。

从绵阳到成都，要经过罗江、德阳、广汉、新都四城。路程虽然不少，但因公路较好的关系，吾们在正午出发的，下午五时光景，已经到了这次旅程的终点成都了。

最后还要提一提笔者对于这一次沿路所见标语的感想。这次从陕西到四川，在这一千余里的路程中，看见了各色各样的标语。综合地说，就我所看的标语，征示了政训工作的落空。标语，口号是政训工作的工具，但决不能说标语就是政训工作。离去了政训工作基础的标语是没有内容的,没有行动性的。因为政训工作落了空,所以标语口号发生了许多错误。第一就是标语的内容空洞,仅仅是粉饰门面的。例如,在好几处我发现了这样的标语:"救民即是革命!""民众要了解抗战的意义!"像这一类的标语当然不能说不对,但吾们要进一步问:它指示了些什么呢?这么一想,那恐怕这样标语的作者也感到茫然吧?第二种错误是标语的矛盾。在好些地方,我看见墙上残留着这样的标语:"全国一致抗日""剿匪抗日""安内攘外"。也许一部分是抗战以前的标语,但政训工作人员居然不加涂抹,就肩并肩地加上了命义完全矛盾的标语,这不能不说是太疏忽了吧?第三种错误就是沿用了一些陈语,却没有注意陈语中所包含的错误。例如我在好几处看见"宁为玉碎,不为瓦全"这样的标语。且不说这标语的意义有多少老百姓能领会,即以标语涵养本身讲,也是消极的,简直可以说是不准确的。这标语的一种解释,约同于"战亦败,不战亦败,还是拼一场"的说法。准确的抗战观念却不作这样的估计。吾们不但要"瓦全"而且还不要"玉碎"。吾们确信抗战必有最后胜利的结局,由一点观察,上述标语里便是现出悲观主义的气氛。这样的唆示是歪曲的。可是这样的标语普遍地发现,这说明了政训工作人员的疏忽。怎样的标语、口号才算是准确的呢?依我想,第一是标语应该有煽动性。一切空洞的述说都不合准确标语的标准。例如,在抗战发生以前或抗战刚才发生的时候,"抗战是神圣的""我们要拥护政府抗战"这一类标语是有煽动性的,但现在已经失去了这样的煽动性了。第二是标语须有行动性。标语、口号不能仅仅是漂亮、动人的词句的组成。标语的内容一定要求和群众的行动取得一致，等到标语中所期求的、所指示的已经表现在群众的行动时，标语就要扬弃自己而提到更高的一个阶段。一切标语、口号都是这样变化着、进展着。例如，"拥护政府抗战"这一口号在目前的四川已经是过去的了，因为这口号已经取得四川民众行动上的表现。但是另一口号，"遵奉刘主席遗嘱，拥护政府，出兵抗战，奠定川局！"却是非常准确的，因为在他生前一时川局尚未大定的时候，这口号是有着非常深刻的、丰富的行动性的。第三是标语、口号须有具体性，意思就是标语、口号不但是一般的，而且还应是特殊的，它应该切合着地方性、时间性，以唤起一般的认识、情绪和行动。标语的"差不多"也是一种缺点。例如："有钱出钱，有力出力"这口号自然是准确的，但在这春耕的当儿，提出"春耕救国"的口号便是更具体的口号。以上是笔者这次旅程中所见到的实际情形，附带提出一些意思，藉供政训工作人员的参考。

四月二十二日　成都

（原载《新学识》一九三八年第二期）

宋之的：
重庆到成都

宋之的（1914—1956），原名宋汝昭，剧作家。河北省丰润县人。主要作品包括话剧《谁的罪》《雾重庆》《国家至上》，电影剧本《无限生涯》，歌剧《打击侵略者》，古典歌舞剧《九件衣》等。

一

重庆看不见天，天被雾遮着。

一个老重庆这样告诉我："要是重庆人不爬山，一定会早夭十年！"这话，我是相信的。

到重庆，先认识了某经理，经理先生说："打牌、玩姑娘、吸大烟，是清高的！别的，都是俗务！"听口气，就是个才子。可惜生在近代，倘在往昔，定会来个自传。自拟风流，博得后人怀慕的。

二

除夕的那一天，人们都在茶馆喝茶，脚，跷在另一椅子上，啜两口,谈几句,舒服自在。

忽然,有一种怪声音响起来了。像工厂的汽笛,不过更尖锐一点。

喝茶的朋友们起初不在意,仍旧端起了茶杯,突地意识到,"这不是什么警报吧?"乃不自然地把眼角往四外斜,手可还是故作镇静地去抓瓜子,却抓到了一件冷冰冰的东西:一位胖太太的手。

两人同时都打了个冷战,于是乎:逃吧!

逃到哪儿去呢?!

胖太太逃到了某经理的门前,一屁股跌在台阶上,用自己那冷冰冰的手,拉住经理先生的小伙计的,以及别的什么人的:"来,摸摸这儿,心跳到腔子外头来了!哎哟,可了不得喽!"

那神气,使得舞台上的顾八奶奶也不能专美于前。

当天,长江里的船夫都发了横财,多少太太、小姐、老爷、少爷都携带了细软箱笼逃难过江,船价从六百钱涨到了五毛,还是拥挤不堪。以致于船在江心翻了一条——敌机虽没有来,却溺死了几十条命。

之后,不几天,一个蓬头污面的老者,便一手持锣,一手持锤,敲打着在街上喊了:"诸位高邻听着!"哨哨哨!急忙在锣背后看一眼——那儿贴着张红纸,纸上写着字:"敌机要来突袭……"哨哨哨,又看一眼,再念下去,大致是劝人不要点灯,把晒的衣服收进去之类。

而另一位星相家,他在报上登了启事,预言敌机的踪迹了:"敌机今日不来！"启事的标题这样写着。果然，没有来。星相家的神算于是乎传诵遐迩了！

三

重庆街上，甜食店特别地多，特别特别地多。

"这不是偶然的现象。"老重庆说，"这是为了瘾君子的需要！"

一天，我和经理先生对坐在甜食店里。门外，靠近玻璃窗，一个孩子立在那儿：三四寸长的头发像蓬乱的草一样直立在头上，眼睛失神地望着我们的手、调羹和口。只偶然地用脏污的手抹一下脏污的鼻涕。走了一个，便又来一个。倘前一个还没有走，而后一个想挤上来的时候，前一个便要骂：

"先人哪！"

因而打个头破血出也不一定的，虽然据我的感觉，这些孩子的血，怕也难得有一两滴可流了！

"格杂——"经理先生笑了，一面把手伸进胸膛摸索着："这儿有近作数首——"于是乎就呈现在我的面前。诗是浓艳的。不外软玉温香满什么怀之类。

"人家都说我是浑身风流，我也觉得吗！嘿嘿嘿！"

"妙在'浑'字！"我咕哝着。

是夜了！夜半十二时以后，因为工作，我独自在街上走着。

街很静，彼此追逐的野狗而外，是满街乱窜的老鼠跟挤在一道睡着了的野孩子！

这些孩子跟老鼠在我心里构成了一种奇妙的联想，他们在某几点上，几乎是相同的。我分明看了一辆汽车冲过，几只老鼠便被辗毙，而孩子们也便蠕动起来了！

我感到窒息——因为街上的煤气冲过了我的鼻子！

四

一个努力救亡工作的朋友告诉我："救国——女孩子是要比男孩子热情些！"

这是重庆的一个特殊现象，在街头讲演，以及各种集会上女孩子确实是较为热烈些。——虽然她们表达这种热情的机会也很少。

确实是机会很少，因为即使是反侵略宣传周的民众大会里，没有徽章或是请柬或是入门证一类的东西，也要拒绝参加的。但机会少，却"找"。常常有宣传队下乡，较之机会多，却"躲"的，自是不能同日语的。

说"躲"，一点也不夸张，某校长就因为接连来了几次突袭警报而害怕起来，历次三番地上呈文给省府，要求拨迁移费，预备把学校迁往远处，以图安全。那最后的一着，是动员了学生的家长，联名呈请，说是"在这样危险的地方念书，殊不放心"云云。

另一种"躲"法是：躲在街角向摩登士女洒硝碱水，据说是要予一些丧心病狂者以警告。有个名目曰："摩登破坏团。"

我非常忧郁，决定走了！

走之前，某经理对我说细声地很神秘地说："我决定戒烟了！有煞道理呢！朱德先生是四十岁戒的烟。我呢，龟儿子，今年四十二了！"

我叹了口气。

五

于是我颠簸在成渝公路上。

有一种神话说："在四川，把桌子上铺一尺土，就可以种菜吃！"在这次的旅行里，我相信了这话。

虽在春末，天已竟很暖了。田野里洋溢着蚕豆花香，迎风摇摆着肥大的麦穗。石崖里茁出一片片的禾苗，山顶上尽是丰沃的稻畦。惜乎我没有到过金沙碛，说是那地方石缝里都夹着金子的！

汽车很坏，常常抛锚。公路两边颇多村镇，车一停，就有小贩携土产的甘蔗橘柑来卖，倘吃甘蔗，是非常便宜的。便宜而且还能够做好事，因为从嘴里喷吐出来的渣滓，也会被穷孩子抢去，作为午餐，咽下肚里去。

穷孩子也和重庆一样特别的多。不仅孩子，也有老人、青年男子和老太婆。这些人大抵都难得在哀求里得到好处的。那唯一生存的法子就是抢！倘在路边的小饭馆里打尖，就得时刻留神，要一疏忽，碗里的菜篮里的饭就被抢光的——迅速得连说一声"做煞仔"都来不及，罪人就已经劈啦地跑远了！

这——是强者！

弱一点的，便睁着两只空洞的大眼在马路上拖，拖一步，算一步，到一步也拖不动的时候，便跌在路上，死了！

以后，过一两天，便一人扯脚，一人扯手，被扯到什么坑里去。

报纸上有一个消息说：在重庆，这类倒毙的人，在一月内就有四百多！

四川土壤之肥，人民生活之惨，恰巧是一个鲜明的对比！

越过了一片高山，我望见那苍郁的成都了！

路上的墙壁，也写着标语，有关抗战救国的，似乎很少。

六

到成都，恰巧是儿童节。

儿童，是幸福的，临到儿童节，就更幸福，虽当国难，盛大的集会也举行了！

但不知怎样一来，却在儿童间有了一种谣言，说是在儿童节电影院都免费，欢迎儿童看电影。更不知怎样一来，这消息竟传播得很快！于是电影院门前就集聚了千百儿童：要看电影。

自然，电影院都如临大敌一样地铁门关起来了，因为这不过是谣言。儿童们都失望了，失望而后继之以哗闹，继之以捣毁！

熟悉成都的人，大抵都知道，凡电影院，背后都有一个什么长之类做后台的。捣毁的结果，一个什么长之类便伸出了巨掌，获去了据说是为首的九个儿童。罪名是扰乱后方，处罚的方法是皮鞭子沾凉水！

第二天，关于这事，某新闻纸上就有了短评，评之曰："与其在后方捣电影院，为什么不握起枪到风陵渡去打日本人！"（大意）

原来那正是潼关隔河炮战的时候！

因此，我认识了成都。

七

成都马路很整洁，人也似乎很闲散。喝茶，在这地方乃是第一要事。大街小巷，三步一"馆"，五步一"楼"，不论楼馆，日必满堂，且有流连终日者！

"抢"，在成都也很盛行，但多半是抢小孩手里的面包，或小姐手里的糖果，这风气，较之重庆的"偷"，却来得堂皇。畏缩地在你身边儿卖钢笔的人，成都是少见的，那是重庆的特色。

市面很繁荣，虽说防空协会的会长也曾经受过一番惊吓。——事情是这样的：某区长在境内拾得了一个未炸的炸弹，于是便设法运到成都，安置在防空协会的门前供人参观。某会长便因此很受了惊吓。据他的意见，炸弹既已成形，就有爆炸的可能，而倘从眼前走过，难保不一命呜呼。于是，会长有一礼拜没敢到会办公，到底是把炸弹移到别处，才算安了心。

这样看来，因为重庆警报，成都的阔人都早做安排，躲到乡下去也不算过分了。

八

在五月,成都的街上贴满了标语。其中最有实效的,是大众壁报。据说,这个壁报有一百多个街头流浪汉做义务张贴员,他们对这种贴报工作都异常热情。

也有宣传团下乡,但却常受阻碍。地方当局喜欢把他们做汉奸办,加以驱逐。

这也难怪,因为确有汉奸组织在乡下宣传。这组织活动于成都四郊,甚且少城公园的门前。那多半是扮作街头卖唱者,藉唱鼓词叫卖汉奸理论。"词"自然是通俗,内容都有关抗战。不仅是唱,且印成了书。卖价是两百钱一本。我曾看过一二,其一:宣传失败主义,如中国军队死得如何怪之类;其二:侮蔑抗战领袖,借以分化团结。

唯一的掩护是在书里故意印错字,如把"无"写作"吴","相"写作"先","有"写作"又"等等,好在读惯了白字的老百姓,是可以懂得那意思的。

敌人用心之毒,可以说到了极致了!

九

  我那老朋友——某经理忽地有一封信给我，信内且附了他的近作一绝，题目并没有定，诗是送给他的儿子的。他的儿子徒步到陕北去进"抗大"，他送他一首诗，以资鼓励。

  读了这首诗，我多少有点骇异。

  "现在比北伐时代更进一步了，多少青年都在往外跑！"

  另一个朋友这样说。这也许是真的罢。

六月五日于汉口

（原载《七月》一九三八年第四期）

周　文：
我们的青年并不是没有希望的

讲述人生平同前。

中山先生逝世十三周年纪念，今天上午十点钟在沙河堡四川省第一林场举行植树典礼。听说各学校学生在七点钟整队出发，我就在八点钟时向东门跑去，但经了许多大街，所有店面虽已开门，可是没有看见一杆国旗挂出，我几乎疑心我把日子弄错。其时天色非常黯淡，一团一团的乌云簇拥在上面，落下稀疏的雨点，但我决定还想把今天这事明白个究竟。到了东大街春熙路口时，这才看见远远地有些旗帜在檐口出现，而且听见了洋鼓的咚咚声，顺着声音看去，原来有一队很整齐的女生和一队童子军正在前面走着，黄绸校旗在队伍前头一飘一飘的，我这才放心了。赶过队伍，出了城门，又遇见一大队黑衣警察也在前进，沿途遇见一些坐着黄包车的公务员，都朝着同一的方向去。到了牛市口车站时，只见两旁的几家茶馆里，蜂拥似的正走出许多机关的职员来，白布的机关旗帐在前引导着，车站外面碉堡下的一片空地上有一大群全武装的兵士，左袖弯上还各插着一朵纸花，在口笛声中集合出发，人便在这儿多起来了，形成长长的各种颜色的行列，踏着汽车路前进。不多一会工夫，就到了第一林场的门口。一进门，只见一条笔直的土路，两旁夹满高耸的杉林，一些灰色、黄色、蓝色的男女学生队伍就在这杉林中走着，画出一种严肃而整齐的壮观。走出杉林，拐过弯去，就看见一个个担任游动哨的兵士扛着枪在田埂上或沟边站着。我追过队伍，在田埂上又弯了几个大弯，一个在胸前挂有"引导员"证章的人在我旁边用手一指，我便照着他指的方向踱过一道架在碧绿水上的木桥，而搭在远远高坡上的主席台就呈现到眼前了。台前插着一面旗和三四面白布的机关旗帐，一大堆穿长袍马褂和军服的职员正在那儿来来往往。高坡下的两旁是波状形的乱坟堆，聚集着一堆一堆的学生，照规定右边是女生，全是蓝色衣服，左边是男生，则是一堆黄色一堆灰色。校旗都飘飘地插在坟顶。一看这学生们所站的地位，和主席台距离得似乎太远了一点，站在学生面前看主席台，只能看见那些似乎并不很大的人影在动，一点也听不见他们的声音，除非是大着喉咙呐喊。不过，今天是这么隆重的典礼，也许参加的群众一定很多，非有这么大的范围不可吧？我想。

到了主席台前，在机关职员堆中走了一转，跑到台侧的一堆武装士兵和军乐队间看看，就遇见一个熟人。他用手指着木桥那面的一片树林告诉我："那就是民国二十五年时的成绩，那时栽了二十几万株，才仅一万多株没有死掉，现在已经成林了。"随即他又说："听说这回的树已经由林场方面先植好了,今天就只举行仪式,仪式完了之后,就完全整队到塔子山去参观。"我随着他移动的手指望过去,原来塔子山就是木桥那面右手边的一个高坡,那儿倒是森林翁郁的。雨点还在稀疏地落,他皱起眉头叹了一口气:"唉,这里的人们总是不遵守时间,现在已经十点过了,有很多人还不来,真要命!再等一下还不开会,雨要下大了!"

天上果然更黯了,前前后后的人都也在慨叹或诅咒那些不守时间的人们。不过,人们陆陆续续在来了。在远远的树林那边黄色的绸旗亦飘舞着,童子军的小旗也在飘舞着,一队一队的学生在忽隐忽现地走了过来,在木桥上涌现。到了十二点钟,这才看见所有的坟堆上站满了学生,旗帜更多了。许多卖香烟、卖面包、卖花生米花生糖的小贩们就在那些学生群中穿来穿去,顿时也就热闹起来,说话声喊叫声,吃东西的声音,响遍了坟间。有一个同行在我旁边说:"今天怎么没有民众团体来参加?他们没有通知?"我这才注意到了,果然到这儿来的全是学生,还有就只是高坡上主席台前的军队和公务员们——这时机关也到得不少了,公务员坐满了台的前面。到了开会的时候,我们就都走上记者席去。

当喊"全体肃立"的时候,从台上向着下面一望,只见所有学生都各各整队,排成一方一方庄严的行列,这种有组织的壮观,顿时令人兴奋,我忽然这么想了一下:"我们的青年们其实是很有希望的,只要有计划地组织,可以形成一个伟大的救国力量。"而台前的所有公务员们也都一样整齐严肃,恭敬地向着中山先生的遗像行礼,开会以后有人报告筹备经过,他说:"今天承各位来了一万多人。"但就在这时,那坡下的一万多人把我的视线捉住了,这些一列一列的队伍,在起着混乱,许多学生正在个别地离开队列,东跑西跑的卖零食的小贩子在那些学生群中钻来钻去。在我旁边的几位同行说:"走,我们下去看看,是怎么一回事?"我们走下台,绕过公务员的背后,那扩音机播出的话声就在我们耳边直撞。但一下了坡走到学生们的队列前,那讲演的话声就渐渐小了,模糊了,只听见学生群中的喊人声、说话声、叫小贩声,还有一群男生在发出唱歌声,有一个地方在发出吹号声,我们回头望望主席台,主席台上的人还在讲演,但听不见讲演的声音,只看见那人是站在扩音机后面罢了。雨点还在稀疏地下,有一队在吹哨喊集合了,集合之后,黄绸的校旗前导,队伍就跟着浩浩荡荡冲过桥去,有几个掉了队的学生,一面口里嚼着东西,一面跌跌撞撞地跑进队伍去了。立刻所有坟包上的队列都动摇了,吹号声、吹哨声、喊人声、飞跑声,更加搅成一团沸腾起来,接着,一队、二队、三队……也都仗着校旗从坟堆间跑出涌过桥去,这情形自然是说明"礼成",但回头一望,主席台前的人们虽也有一个两个人离开了,但大多数还不动地坐着的,扩音机后的那人也还站在那儿讲演,不像是"礼成"的样子。然而女生们的队伍也动摇了,也在喊集合,巴巴地望着那些男生的队伍抢在前面走。快走了一半的人的时候,才听见坡上的人们在举起手高呼口号,还没有走的学生们也就赶快站在坟顶上跟着举手高呼一阵,这才正式散会了。坟堆间也就更加拥挤起来,虽然挤,但都仿佛没有精神似的，都只有一个意志：抢过桥去！有一队女生走着走着唱起歌来，但刚刚唱了一句"起来，不愿做奴隶的人们"，周围却静悄悄地没有回响，有的只是抢着跑的脚步声，她们也唱不下去了，只是埋着头走去。人们一抢过桥就跑起来，有几个学生还"仆爬礼拜"地跌翻在地上，引得人们一阵哄笑。"不是说还要完全整队上塔子山去参观植好的树么？"我忍不住问了。我旁边的一位回答："你看这情形当然不可能了！这实在不能不使人失望！在这抗战的时候，要是把他们上火线去，像这样勇敢就好了！"到了队伍快走完时，居然有一队学生勇敢地冒着雨上塔子山去，在山顶上黄旗招展。我们于是也决定去看看，但追上去时，那队伍已走远了，消失在斜坡的转弯处，只那儿的丛林中发出雄壮的歌声，我们向着歌声再追几步，还是没有看见人影。雨点渐密起来，我们只得回头了，下坡时人们已将散尽。到了车站，才碰见一大队很整齐的童子军在军号声中一步一步地走着。这种不耻最后，而且保持着来时的精神，使我又重新感到兴奋起来，我看了看他们仗在前头的旗帜，上面的字是"华阳县立得胜场小学"。我于是用了敬佩的眼光仔细看了看那些红喷喷的年青的脸。我因此想，我们的青年并不是没有希望的。

一九三八年三月十二日

（原载《七月》一九三八年第十一期，原题《三月十二日在成都》）

赵光先：
每个的面上都绘着一副侥幸的微笑的脸谱

讲述人生平不详。

刚把包裹从邮政总局取出来，跨上包车，走不多远，警报便响了。街面上的空气，立刻便紧张起来，秩序实在有点骚乱，商店都在忙着收拾货摊、关闭大门，行路和避难的人都拉长了腿拼命地奔跑着……

"——呜——"警报机尖锐的叫声，在耳朵里响亮得怪难过。

为了回到宿舍，还有多长一段路，自己心里也有点着急，怎好呢？假如走不拢便拉紧急警报，然而，又有什么法子呢？

"拉快点，快点。"只能催促车夫了。

"是呀，你得添几个嘛！"

"是呀，你得拉快点，快点！"自己手里又抱着一大包，还敢不着急么！

车愈往前进，避难的人愈多了，男的，女的，大家都板起面孔拉长了腿往前飞跑，完全没有人讲话，遍街都是脚步的声音。

我睁大眼睛望着车夫的两条腿——一跨，一跨。想起前几次听到突袭警报，自己都是飞跑出了新西门，敌机都没有来，今天是没有跑出城的希望了。敌机该也不会来吧？然而，总要回到了宿舍才行啦。

避难的人已渐渐稀少，十字路口也只剩下徘徊着的空包车。两边人行道上来往的人大多是戴着黄臂章的电灯工人和防护团员。军警都提着枪，皮鞋碰着"三合土"，发出非常清脆的声音……

我终于回到了宿舍，虽然紧急警报已经在伸长着颈子叫，而自己却就有点不在意了。

在房间里把东西搁下，听见我们的驱逐机在天空盘旋的声音，觉得住在这楼上似有点不妥，推开门便往楼下走。

"先生，你要出去么？"是老板娘在问。

"不，我要到下面来坐坐，楼上不太好。"

"唔，这些地方不怕的，没有高大的洋房子。"

老板娘的声音非常和气，完全改了常态。呵，硬是要在急难中，人与人才能够彼此推诚相见么？！

街上静得如像死境一般，从窗口望出去，高空中有几架驱逐机在盘旋，态度安详得很。突然背后一阵阵"隆隆"的声音，愈响愈大而愈逼近了。

"唉！敌机真个来了么？"

"唔？"

"看，一、二、三……八架。"

一抬头，一队黑乎乎的飞机出现了，真个八架，飞得很低，丈二的翅膀，天气浑暗得很，看不清楚符号，一架在前，七架在后，缓缓地前进着。

再看原来的几架，却都一齐掉过了头，对准这一群，很高很高地飞过来。

"要逃吧？！"我在想。

看看接近了，接近了，却一齐突然地降下——"啪啪啪……"机枪声响了，有一架恰像冲进了那一群的阵势。

"好英勇呀！"

忽然又翻翻滚滚地掉了下来。

"咦，被打伤了么？"

但，它却又平着从我们的房顶上飞过去了。

那一大群都已经看不见，只有机枪声和炸弹声。听得非常清晰，震动我的心弦，使我的热血大量地往上涌——

"醉生梦死的人们哟！清醒的一天该到了吧！"

一切已归寂静，解除警报已响了，大量的人们都从各家开开的大门里吐出来，每个的面上都绘着一副侥幸的微笑的脸谱。

一月十四日作于嘉联中

（原载《教战》一九三九年第三期，原题《第一次空袭在成都》）

翔　夫：
敌机终于光顾到我们成都来了

讲述人生平不详。

"六一一",在我们预料中,敌机终于光顾到我们成都来了。

这是一个天气晴朗的日子。情报传来的时间与敌机进扰的航路,和往日几乎不同。知道事态非常严重,所以我们早就秣马厉兵加倍注意地等待着厮杀。

情报一点一点地接近和急速了。我们的热血也愈加澎湃激荡。川东川中的前站已起来拦击。成都也早已围起一层铁线来了。敌机二十七架窜入盐亭、金堂时,我"流星群大队"便以相等的兵力准备迎击。这时候太阳已渐沉没,从高空下瞰地面,一片昏暗。正注视间,突然东北角市区窜进来了一个品字形的敌机群,我机立即对正方向俯冲下来,趁着敌机投弹的时候予以猛烈的攻击。双方即刻强烈发出烟火,唯见火花迸射如雨,可是因为高度是在一万两千六百英尺(由我机高度表上得知),所以但见火花,而听不见机声。地面上的人仰首观望，因为天已暗黑，只见笨大敌机的黑点，而我小巧的驱逐机已是目不能及了。

统查是役，敌机因为我机攻击猛烈，投弹瞄准，兼顾不及，所以一边盲目投弹，一边密集枪火应付着我们的追击，仓皇转向东南方向逸去。关于它仓皇狼狈的判定，我们是有证明的。因为它投弹未得投完，而且所炸地点均非重要繁盛区，而且城外空地落弹尤多。临完，它的总领队机又是一个急转弯奔向东南去的。

何以知道它投弹未投完呢？我们可以从落弹总数与来机数目的比例上估计出来。每机载重量以八百公斤作算吧，那么每机所带炸弹大小平均便为八个。那次共来敌机二十七架，炸弹总数应为两百余个之多。但我们事后在成都市区所发见的炸弹洞窟却没有那么多。

并且在我机因天黑不能追击归航之后，发现在成都东南飞约十分钟时间的地方，有许多爆发炸弹的剩余火光。我们知道，轰炸机在投弹时航路必需稳定才投得准，我机是当它投弹时攻击的，它为了顾虑被攻击的损害，所以未能从容瞄准而且没有全部投完。否则这一次市区的遭殃恐怕还不止于此呢。

当日我机在相当高度以战斗队形巡逻。在市空东北角时发现敌机三个品形中队疾飞而来，即发出命令"占位"，因为天光昏暗，所以锁敌困难，不能早在远处发现，早作占位准备攻击。否则就连这几个炸弹也不会允许它投进市区里的。

那次我们先下去攻击的是第二个领队的岑队长。占好位即首先冲向它的总领队机攻击起来。当他第一次在敌机群中穿下脱离时，他看见敌总领队机已经漏油（冒出白烟，判定是漏油，唯未见起火），以后又追袭过两重山头大约追了十几分钟。同时第二小队的两僚机亦冲下来攻击其最左一中队，英勇战士叶思强即抓定其最左一架敌机，咬住尾巴，跟得很近。自东御街上空追起，到华西坝东南止，追击约两三分钟，眼看其最左一机落伍降低。但同时叶君亦被其右边的编队群火力所伤，一弹穿左肘而过，只得迫落下来。另外尚有几架我机受了轻伤。这就是"六一一"空中搏战的经过情形。

  在这一役中，发现许多市民对于航空常识是太缺乏了。他们把发光弹误认为信号，更好笑的是把那误认作炸弹的光。红色的发光弹则以为是燃烧弹。这种情形很容易招致无理由的张皇和秩序的紊乱，是极值得防空当局注意的。

一九三九年六月二十八日　蓉

（原载《中国的空军》一九三九年第二十四、二十五期合刊，原题《"六一一"成都空战记》）

庶　民：
"看呀，敌机要落下啦"

讲述人生平不详。

　　警报声惊破了都市的恬静，一队一队的铁鸟，飞升在天空，声影从云端掠过，人们都仰望着那青天白日的徽号！
　　这声音是多么的沉重呵！小孩们紧闭着双眼把头缩在他母亲的怀里，杀人的刽子手，也就是在摧残文明摧残驯良的妇孺！
　　机枪声爆竹般地响放在云霄，有时平地也响着碰碰的高射炮，敌机五十四架，分两个大队升空而来，空间完全被占据了，没有第二种音响，"死"的阴影，笼罩了周围！
　　去年的"十一月八日"，今年的"六月十一日和十月一日"，敌人的残暴，深深地印刻在国人的脑里，愤怒之火燃遍了原野！
　　远远地望着下坠，四周突然传来一片呼喊声："看呀，敌机要落下啦！"接着无数的"好"！这时，大家都像忘记了恐怖，头像雨后春笋般地从土沟中露出。遥见我机上下左右时而在升高，时而在降低,轻快旋转,不断地向敌机截击,三十几架敌机,被冲得七零八落,一架、两架、三架……向下掉,掉在中国人的眼底!青年人在鼓掌,老年人在说:"报应!""天谴!"欢笑代替了沉寂!

敌机没有了,我们的飞将军,翩翩地胜利归来,被解除警报唤回家的人们,活跃了,迎着他们微笑,成都市的五十万人,异口同声地议论"黑烟",这是中国伟大胜利的"一一四"的黑烟!

第×大队的空军将士,刚降落在机场,胜利的消息,已传遍空间,他们也露出一种轻松的微笑,当他们正准备休息时,已被新闻记者、民众的代表,欢迎着,慰问,致敬,在兴奋的情绪下,他们也似乎忘记了疲劳!

王副大队长向记者报告当时空战的经过:他们发现在很远的云雾中,由东北向市空飞来的敌机,即用信号指挥,向之迎击,一直猛追到××以东,见敌机多架冒烟欲坠,才安全飞返。当时直接与敌机作战的是谢队长,他们识别这次袭蓉的敌机,都是九六式的重轰炸机,每机尾部都装有大口径的高射机关枪,下部机中也装有重机关枪,故敌机火网极为密集,但我神勇空军都抱"不成功即成仁"的决心,故仍战胜敌寇,因为第一次攻击数太少,致未得将敌机全数击落,他们还认为太便宜了敌机。刘队员代表马队长报告侦察的情形,他们在××即与敌机遭遇,他们用很迅速奇妙的战术,向敌机冲去,当战斗剧烈的时候,敌之领队机,即着火下坠,于是敌机队形混乱,纷纷逃窜,我机跟踪追击,到××时,敌机内机枪发射已稀少,足证其机枪射手,已多被击伤或击毙。根据敌国自己广播,当天空战，敌机有十二架未归。我们都安然飞返，无一损伤，这是"一一四"最光荣的胜利！

当着敌机的残骸，从仁寿方面，运抵省垣的时候，各界纷纷往观，在那支离破碎的机身中，看出该机为昭和十四年三菱机厂出品，系敌国改良的新式重轰炸机，所有引擎推动机，及轴心等重要机件，均购自国外，该厂不过装配而已，上有汽油缸八，配机枪六挺，弹盘六，悉用电力发射，开行率最大每小时可飞三百余公里。另有收发电报机、滑油箱、高度表，及机上零配件等，均已破碎。驾驶舱内七人，悉被毙命，血肉模糊，弹痕满身，此亦好战者的恶果。

根据敌国大本营所发表的公报，和我在敌机内死尸检出的照片等证件，证明敌之领队机确为奥田大佐，查奥田在敌国航空界颇负声望，有"爆击之王"的盛誉。被我相继击毙的"四大天王"亦为奥田的学生，今春来华，曾率队轰炸梁山、成都、重庆等处，肆虐已久，恶贯满盈，这次被歼，实在是一件大快人心的事。其给敌寇空军的重大打击，当不能以几架飞机的损失来比喻。

十一月七日上午九时，成都市各界民众，组织了七百余人的代表团，携带鲜花、糖果、手巾等物品，前往慰问此次痛击敌机的空军将士，他们经过春熙路时观者如堵，无不赞美称羡。十号，成都各界民众代表，又在百花潭开慰劳空军大会，并赠"鹏击万里"锦旗一面，全市的戏剧界，组织了精彩的节目，到会表演，盛极一时。特别是在介绍空军将士时，全场均报以热烈的掌声和欢呼，这与敌寇惨败之后，现正以哀怨泪珠，凭江远吊的情形，恰是一个很好的对照！

（原载《抗战周刊》一九三九年第二十期，
原题《敌空军"爆击之王"碎尸成都碧空记》）

洁　泉：
自北平到成都

讲述人生平不详。

自去年十二月八号太平洋战事发生，学校（燕大）被封以后，觉得华北再无一块干净土可以容身，就决定南来，因为种种的波折，南来的时间一再延误，赶到今年八月五日，才离开北平。

这次来蓉，我们（杨君与我）共找到三条路，第一条路是一般人常走的，由津浦路经徐州商丘亳县转洛阳经陕入川，第二条路由北平顺平汉路到新乡转道清路到焦作在××地方渡河到洛阳，第三条路由焦作沿道清路西行到沁阳（怀庆）在××地方渡黄河到洛阳。

我们决定先走第二条路，当我到北平前门东站的时候，感觉与以往不同，因为不数十分钟，即要长时间离开久居的故乡，我恍惚有点生疏的感觉，因为以前走平汉路本来在西车站上车，自日本侵占北平后，西车站到卢沟桥一段不载乘客，凡走平津路的，亦须在东车站上车，绕道丰台再到卢沟桥，不知这是什么诡计，随着车速的加快，我的疑惑还落在故都的近郊，依稀地消逝了。

车过卢沟桥的时候，探首窗外，看到马哥勃罗石桥，还安然长存，但不知负了多少炮痕，染了我二十九军多少将士的鲜血，曾几何时，于今已历五载，不禁令人寒战。

沿平汉路南行，自长辛店到河南省的新乡，铁路两旁有深宽丈余的沟壕，另外有一条与铁路平行的黄土汽车路，长千余里，尽是敌人驱使我同胞修筑防护铁路的，替敌人维护铁路的多是中国人，设被占领区域的同胞，只消极地持"不合作主义"，即可使敌人束手，每站平均不过三四个日本人，是不足维持交通的。

五日午夜过石家庄，石家庄为河北省中部唯一的工商业都市，又是正太路的枢纽，据传敌人在此设有兵工厂，于夜色和微弱的灯光下只隐约地看到几些烟囱，颇有天津车站附近的形色，六日十时到新乡。

新乡虽不是大都市，但买卖不少，倒还热闹，日本人开的商店也颇有几家，不过比在北平大街上看到的算少多了，下午转道清路去焦作，道清路沿线两旁虽无深宽丈余的沟壕，但每隔里许总有一个狭隘的草铺，里外照例有一个老及五十样子的瘦弱农夫守护，每隔十余里，筑有碉堡，高三丈许，上有守卫瞭望，这是不同于平汉路上的防护的。沿道清路，天旱缺雨，禾苗多半枯干，华北大旱，恐以此地为最，焦作矿区，是道清路的重镇，日人较多，接近火线，离黄河仅百余里，介绍我们偷渡黄河的人说由焦作渡河因故不通，应去沁阳（即我们预定的第三条路），我们在焦作留住两夜，知道我游击队在当地的活跃，当地的人多明大义，本想联络游击队，进占焦作，把日人杀个精光，但是时机尚未成熟，一时收效不大，只得忍耐一时，俟呼应我军的渡河。我惊佩他们的谈话和见地。

八日下午七时到沁阳（怀庆）下车未遇检查，洋车夫深明大义，知道我们的来历，把我们一直领到 A 乡的招待站，一个未受过教育的洋车夫尚知爱国，真是"国家兴亡，匹夫有责"，他使我感动，使我更觉到责任的重大。当我们达到 A 乡的次日（九日）即是准备偷渡敌人的防线，在 A 乡候渡的人还有六位学生，三位来自北平，三位来自吉林和黑龙江，全是到西安受训，预备服务战地工作的。在向黄河出发前，主事的 × 队长用沉重的语调向我们说："此地距黄河有二十里，河水才退，据探路的人报告，有十里多没踝的泥水路，过敌人沟壕的时候，是有相当危险的，因为爬过沟壕的地点，距敌人的防护碉堡只半里左右，敌人开枪的时候，切要听领路人的指挥，伏地勿动，据我们（队长自称）的经验，敌人是向来不敢离开碉堡一步的，这种危险大概不会发生，不过请大家仍要十分慎重。"从他恳挚的谈话里，知道他是干练的老手。

出发时，已十点钟，薄云满天，星光暗淡，又无月色，黝黑的天空，稍辨路径，黑暗的夜色，作了我们偷渡敌人防线的自然屏障，我们个个精神抖擞，列成一队，屏息前进，大有衔枚疾走的战士气概，深夜寂静，只闻细碎轻微嚓嚓的脚步声，与袭人的凉风伴着，侧目斜视，只见烟雾笼罩，夜色苍茫，看不到十步以外的景物，走进河滩，洪流才退数日，泥水满地，不辨道路，穿高粱地玉蜀黍地前进，有时泥水没胫，背上的小包袱，觉得重逾百斤，走到敌人的防护壕，黑夜中看不清沟的深宽，只见走在自己前面的人，如一块铁般地滚下沟去又蠕蠕地爬上对岸，我也是照样地滚下去又照样地爬上对岸，因为当时顾虑的不是沟的深宽，而是怕为敌人察知，精神过于紧张，看不到它在着事上的价值。过了沟壕又加速地走了一程，去敌人的碉堡较远，大家下来休息片刻，不觉沟中的泥水已浸及膝盖，及近河岸，听到水声淙淙振耳，向对岸望去，夜色苍茫中，见对岸邙山隐约在水雾之间，达到河岸，大家抛下行李，夜风清冷，围坐一团，听怒涛拍岸、沙岸坍塌，发出轰轰的巨声，激扬起来的水浪落到岸上，有如倾水一般。

领路的人，仍在河岸上踱来踱去，目光不移地注视着对岸的山腰，待他与对岸交换信号后说，明晨我军来船接我们渡河，大家如释重负高兴起来，我仰卧在行李上面，看对岸的山影，听黄河的涛声，不想离家已两千余里，使我立刻忆起《木兰辞》中的诗句："旦辞爷娘去，暮宿黄河边。不闻爷娘唤女声，但闻黄河流水鸣溅溅。"这恰是写尽我当时的心绪和情景，我因身体的困乏，小息片刻，待觉醒来，已东方鱼白，晨曦满天，只见一轮红日，自地平线下涌出，随即躲在紫色蓝色赤色的彩云间，极为壮观。晨风自河面上吹来，湿凉的空气，有海上的风味，若是在海滩看日出，定更有一番奇景和情趣。

到六点多钟（十日）大家期待船的到来，等到十二时船仍不至，焦急的心情，从每人的面孔上表现出来，向对岸望去，相隔只一带水,不过二里,人影依稀在望,然而在河岸北,就有被敌人戕杀的危险,与南岸比,安危悬殊,更使我们起了要立刻跳到对岸的希望,焦急的心情,使我们忘掉了饥与渴,看看河水汹涌,满天的乌云,又恐濠雨降落,山洪暴发,河水出灌,在河岸上徘徊坐卧,滚得满身污泥,一天不得一餐,拭目自看,状极堪怜,徒叹奈何罢了。

一分钟一分钟地盼望、等待,直到夜晚还不见船的影子,午夜在朦胧中听到轻微欸乃的桨声,原来是对岸开来运××的小艇,几经交涉,才得派一位同学跟领路的人到对岸请求开船来接,但等到次日(十一日)的中午,仍不见有船开来,个个饿得头晕目眩、声色俱变,以重金托熟习当地地理的人,白昼重偷渡敌人的防线,买来几张剩饼,分而食之,也觉得"其甘如饴",喝黄河的泥水,也如"金汤玉液"一般。直到下午五时才渡过黄河,到了整两日夜时时在盼望的自由国土。

渡河的地点在×县境之××口,大体言之,黄河南岸自豫西到郑州有山脉约束,山势虽不甚高突,但沿河起伏,恰做了我们民族解放圣战的天然屏障,我们在××团体办的招待所住了一夜,把在河北岸两日夜的困饿和疲乏除扫净尽。

十二日到洛阳,洛阳即周朝的洛邑,也是东汉的旧都,负邙山而面伊洛,北带黄河,形势十分雄固,当淞沪之战的时候,曾定为行都。附近古迹名胜极多,城东十数里有白马寺,谁都知道这是汉明帝时佛教传入中国的开山古刹,东关有孔子问道于老子处,西北数里有晋宣帝陵址,东北有吕祖阁,南有关帝冢等名胜,因旅途匆匆，未能一一凭吊，十五日首途宝鸡穿涵谷过潼关，十六日夜过西安，均未得下车一游，十七日到宝鸡。

宝鸡为陕川孔道，自抗战军兴，地位更形重要，东关街道宽阔，银行亦有数家，有新兴都市的规模，较洛阳似为繁华，附近有工业合作社五十余所，规模虽小，正适抗战期中安全和交通不便的需要，战后中国走上工业化的途径，这种小型的工业合作社，当是来日的基石。

十九日搭农民银行的汽车来蓉，自宝鸡到成都的公路，爬山越岭，长上百余公里，但是修筑得十分良好，在沦陷的华北是见不到的，自宝鸡西行，地形山势与华北大不相同，地势起伏，坡度极大，不是平原而渐入山地的平易，山势高大雄伟，更不是河南潼关一带的土山可比了，途中尤其使我感觉有趣的，就是走山路，除自褒城到广元，自绵阳到成都地势较平坦外，车全是走在两山之间的，夹路高山耸立，只看到头顶一道青天，山上树木荫郁，翠绿欲滴，公路沿河修筑，下临清流，淙淙泉水，自山石间喷吐而出，白色的浪花，飞溅到数尺以外，岸旁茅舍数间，水轮车在树荫下缓缓地旋转，杨柳拂岸，雏鸡一群，蹀躞花间，黑犬三五，枕石而卧，宛若梦境一般，当汽车爬到山巅最高的地点，仰望群峰，又觉得处身山腰，距最高峰尚不只百尺，俯视山谷，看见来路盘折数十回，逶迤如线，不禁心意惊悸，怕有滚下山涧的危险，车行群山之间，视线为面前的山峰所障，"嵯峨叠翠迷前路，迂转悬崖别有天"的诗句，恰足形容这山的雄伟和奇丽，与北平名胜西山的风景来比，真是泰山之与蚁丘，才觉得香山和碧灵寺的平淡乏味了，自北平动身到成都二十日，旅途颠沛的辛苦，全叫这美丽雄伟的山景，给我们洗除净尽，丝毫不觉得劳累了。

一九四二年八月写于成都燕大

（原载《旅行杂志》一九四三年第五期）

舒　淞：
我们还是以欣然的心情来接受目前的一切

讲述人生平不详。

> 朝云浮四海，日暮归故山。
> 行役怀旧土，悲思不能言。
> ……
> 远适万里道，归来未有由。
> 临河累叹息，五内怀伤忧！
> ——断章取义自魏应玚诗句

我于大病、新婚后，随着丈夫和朋友组成一个七人旅队，离开上海，间关万里，冒险越过封锁线，渡黄河，过嵩山，翻秦岭，而来内地，原想直去重庆，但我和英却被朋友挽住，在成都做客两个多月，而且过了新旧两个年。言者都以为成都比重庆好，不但衣食住行方便，也尚不至有"找房子难于找职业，找娘姨难于找老婆"

的特殊困难，我们凛然于重庆生活情形之烦躁，又在万里奔波之余，所以也乐得稍为喘息一下，再去受陪都的磨炼。

有人说："成都像北平。"因为我走的地方很少，甚至连我的故乡湖南都没有到过，只要不说成都像沪、杭、苏、锡或者南京一带，那随便说它像什么地方，我都茫然，如今既到了成都，还是说"成都就像成都"吧！同时，英却曾旅行过好多地方，北至哈尔滨，南至香港，他都走过，据他说："除了华西坝大学区、几个寺院，以及成都一部分人优哉游哉的习性和散漫的市街外，不觉得有什么像的，不过四川人或许有所感觉，我确没有这种印象，北平那种旧皇都辉煌雄赫的气魄，古文化博大精深的遗迹，远非其他城市可以比拟。何况顺口道来，重庆又如何不可说像香港呢？"其实，香港他到过，重庆他还未去，姑存此说可也。

成都的市街，实在散漫得很，从最繁华的春熙路南端中华书局楼上望过去，好像一些国籍不同的兵士，在一声集合之后，未经分别便骤然排列成队了似的。高矮不齐，式样各异，偶尔看一间特殊的门面，有如吹糖人吹成的一般；因为被狭窄的模型所挟持，一直在向上发展，而成了队伍中的一个滑稽角色。话虽这样说，不过倒可象征建设方面突飞猛进的意义。

街道却是相当宽阔，然而走起路来不觉得怎样舒服，第一，行人常多。第二，修理门面的商店，常在行人道上搭起做工的竿架，不巧时，路的两面还打对台。第三，汽车威风之大，真是前所未见。汽车一来，人力车夫便敬鬼神而远远地快快靠边立正，恭候驾过。

行人被人力车一挤，无论心愿与否，也只得避之，唯恐不及，望望焉而去之。上海住久了，对于这种突发事件，常觉得又好气又好笑，犹之从东门外上沙河堡回城，所领略到车夫的绝技，甘心情愿地让路给他又自不同。成都的车夫除了拉包车的车灵人杰，跑起来常是两手在后面握住车把的最末端做出一种"挽而奔"的姿势，觉得英气勃勃外，对于那一般"左手倒拐""右手倒拐""端走"的泛泛之辈，初以为一无所长，然而到那下坡的时候，才会使人"自动撤回原议"。那时候车夫目不转瞬、气不长出，由高而下，用一种练就的弹力把身子向空跳跃，于是车子的重量推在后面，人便被推得在路面上飞驰，大有飘飘然羽化而登鬼箓之感，用一种惊天地、泣鬼神的精诚，演出一幕紧张动人的好戏。那种车吼人嘶、勇猛直前的精神，使人心慑叹服、退避三舍，和躲汽车的心情迥然不同。技之巧者，艺之精者，情之笃者，灵肉合一得心应手者无不可称为艺术，我觉得这下坡的一段，便是车夫的大手笔。

刚来的时候，觉得内地一般物价都很贵，这时上海米价已从伪币四百元一担，涨到一千二百五十元一担，物价如何，恐怕已经无从比较。而必需的日常用品，内地却也有便宜的代用品可寻，比如八元一尺的土布、三元一包的牙粉、两百多元的皮革、几十元的布鞋，自然都可以代替洋货，而那破了还可以卖钱的铜盆，光亮坚固岂不更胜于搪瓷制品？此外有几条街全是小手工业店家，很多精廉的出品。此时此地如果能用白木器、竹器、粗瓷、铜器，岂不较铜精喷漆更来得意味深长？身外之物，可以立致，国人何必急急于此。

寄卖行是后起之秀，货品争奇斗胜，价目标新立异，有时较新货店更胜一着，虽然贵者自贵，买者自买，究竟还是不买的人多，所以货积如山。浏览一番，觉得后方什么都不缺，但不知贵从何来。当然，不贵也不像话，但何必太贵，而不取其中呢？

春熙路和西顺城街的铜像不知是否出自名家之手，都不觉得生动；最使人留恋的还是望江楼、华西坝、武侯祠这些地方。在上海住了五六年，看见的都是城市的一切，几乎没有机会到郊外一游。成都不但有古迹，有竹林，有水有田陇，有重庆所没有的宽大平地，更有阳光，如何能使人淡然忘怀呢？

谈到饮食，则小吃固极便宜，谈到娱乐，票价却未免太高。我并不喜欢上海，但我刚自上海来，只能以上海比较，"票价高过上海一倍，设备低于上海一倍至五倍"。买票以挤为先，看戏等上一个钟头是常事，这些虽然关系个人的嗜好，但究与抽烟喝酒不同而有些"游于艺"的道理，希望在"等"与"挤"上，能够改善。不能说："谁叫你喜欢来着！"

我们到成都后，住在一间大屋子里，这间大屋子属于一个院落的后院，这院落原是一个小学，这个小学是一间庙改造的，大概因为产权还是庙有，所以泥菩萨虽然偏安却未退位。白天还有前院里的朋友来往，夜里空洞洞阴沉沉的，颇有恐怖意味，我们点着两支蜡烛，写信、看书、谈话，烤"烘篓"，打毛线衣，以及准备未来的工作，而不受启明电厂节制用电的影响，随吹随燃，光明永在。

旧历过年时，家家商店都关了门，只剩酒馆茶楼还在做生意，少城公园和中山公园的游人骤然增多起来，武侯祠、草堂寺都有大规模的庙会，街上反而显得冷清清的。旧年便这样在稀疏的爆竹声中溜过，英有时怀念他遥远的故乡，我也不能忘怀行前弃我而去的慈母，但我们都愿离去上海物质优适的生活而到内地来共患难。除了偶尔有像篇首诗句那种人性的感触外，我们还是以欣然的心情来接受目前的一切和期待未来的一切。日内我们更将告别成都去重庆工作，因为我们正和全国同胞怀着一个共同的信念。

（原载《旅行杂志》一九四三年第六期，原题《话别成都》）

王若僧：
成都有三多：老鼠多，茶馆多，厕所多

讲述人生平不详。

四川是我国物产丰富的一省，而成都又是四川最有名的城市，有着锦城和蓉城的美名。可是有美丽名称的都市，不一定就全有美丽的事迹。几年来内地的生活，我却有两年是消磨在这名城中。所见所闻，颇有意趣。拉杂写来，作为沪滨人士茶余酒后之资。四川因僻处西陲，物质文明较为落后，除重庆成都外，各地人民的生活，仍然是非常简陋。大都是靠小手工业谋生，如做牙刷、织川锦、做铜器等。他们穿的衣服也都是四川出产的土布，无论男女头上都缠着一大堆布，有黑色的，也有白色的，这原因有种种的传说，但也都不可信。四川的地主或军阀的子女太太们，住的是高楼大厦，穿的是西服皮鞋，用的是最新从印度带来的化妆品，奢侈浪费到了极点。不过他们无论怎样打扮，总是脱不下四川那种土气。

成都有三多：老鼠多，茶馆多，厕所多。四川产大鼠是世人皆知的事实。但是不亲眼看见真不会相信。老鼠比猫大,一点也不假。它们什么都吃,皮鞋衣服不必说,晚上睡觉不留神,耳朵脚趾能被老鼠咬个大洞。这不能不算是天下的奇闻了。

四川的茶馆不像上海的大东、红棉。几张竹桌、几把竹椅、一盖碗茶,几个人坐下一喝就是半天。真是什么事都没有,只是聊天而已。起初只是些四川人坐茶馆,后来大学生也都进去了。不仅仅是消磨了有用的时光,而且是极不卫生,茶馆是传染病最好的所在。四川天气不良,肺病也就如此地传播起来,当局并没有一点意思取缔这种茶馆。只有一次,美国的某位要人到成都来观光,市当局曾下令禁止茶馆营业一天,但是过后都照常营业了。同时在每条胡同和大街,全可以看见有门前写着"东池"二字的小屋。东池就是厕所,并非公家所立,非常污秽,而且是男女共享,据说全成都的东池是某军阀姨太太所经营,每月有一笔很大的收入。

我在成都读了两年大学,因为生活问题不得不在课外教教书以弥补日用。内地的大学生全是领贷金,吃平价米、大锅菜,住没窗子的土房,好的吃饭时有桌有凳,不然就是席地而坐。我由于朋友的介绍,在一位军官家执教,看三个小孩子念书。所以除了每天简陋的学校生活以外,还可以出入于军官的住宅,城墙一般的围墙,高大的洋楼,地板电灯应有尽有,冬天还有暖气煤炉,与学校生活实在是相差天壤。所教的几个小孩子一口土话,可是手上都戴着全新的金表、玻璃带,帕克51K的金笔,有时东家请客,我也忝坐一席,海参、燕窝也吃过好几次。下江去的人和四川的小百姓都是个个穷苦，公务员与学生每天有三餐温饱，已经不易，可是他们仍然过着这豪奢的生活，真有愧于国家与人民了。

（原载《平论》一九四五年第九期，原题《成都见闻》）

壶　公：
成都的房荒问题，在设法解决中

讲述人生平不详。

成都市为民族复兴的根据地，现在轴心国局势逆转，抗战胜利，虽已在望，但因同盟国整个战略关系，我沦陷区域，尚未到全面反攻收复的时候，在大后方中心的成都，有一急待解决的重要问题，即为一般市民觅房居住的困难，尤其是街谈巷议所说的房荒严重问题，记自倭人入寇，已经八年，沦陷各地的同胞，辗转逃难来蓉的，不知凡几，大都以成都为疏散的终点，于是成都的房荒问题，在设法解决中，更增加了无限的困难，势不能不急谋解决的方法。兹就管见所及。拟定解决办法数项，借此引起社会贤达人士的深切注意，互相研讨，进而获得本市房荒的解决，更于本市卫生、治安，均有莫大的帮助。

一、成都是我后方中心重要城市，又为同盟国空军基地所在，敌寇未到无条件投降以前，难免无敌机偷袭，故为了解决房荒，扩大建筑平民住宅，自然应该在原市区以外，选定基地为适宜。现在成都新市区范围市府正会同成华两县府办理查勘交接手续，短期即可完竣，市区的扩大，自然迫切需要，拟建议政府发动就新市区界内大量建筑平民式的房屋，并由市府设计建筑式样，选择适当地址，以不妨碍将来工商业发展的地段为原则。

二、新市区范围内，可供建筑平民住宅的地皮，如地主无建筑的财力或人力时，请由政府协助向农行货款自建，或协助地产公司照需要土地面积，以比照原地租较多的租金，向土地所有人租赁，并约定使用期限，或照所值地价，增给价款，协商收买，指定建筑平民住房，核定租押金额，尽量出租，此项房屋土地，得呈经政府核准，自由转让于自住房屋人。

三、本市原界线以内，尚不少空隙土地，及菜园熟土，或经空袭破坏，尚未修复的房基，拟请由市府调查规划，限期修复放租，地主无力建筑时，由市府指导协助向农民银行贷款修建，以该地基的管业证提供担保，并以其房租偿付贷款的子息。

四、在附郭马路辐射线的两旁土地，在此时房地租金高涨的情形下，各地主多愿建屋出租，以求较多收益，但因了建筑材料的高昂，限于经济力量的不够，无法建筑房屋的亦不在少，拟请政府特别予以便利，协助介绍贷款，其担保还款付息，依上项办法办理。

五、建议市府请向农民银行商洽，从速继续办理市地改良贷款，增加每户所贷数额，视其建筑房屋需要的多寡，核定贷放、最少每户贷放五十万元以上，并放大贷款的总数，期对本市房荒问题得相当的解决，申请贷款时，只须市府考察确保建房自住或放租，合于设定计划，又有该地管业证据，提供担保，即准负责介绍，农民银行只须担保确实，市府负责即予照数放款，并减少繁复的手续，减轻贷款的息金，以扶助地方政府解决后方中心根据地的房荒问题，庶几无屋可住的市民，得以解决居住的困难，更减少了政府上间接的各种问题。

六、如申请建筑平民住宅的地产公司，财力不足，能提供相当的担保，市府即予协助向国家银行或私家银行贷款，负责督饬管理放租，使能获得合理的收益，免为少数人所操纵，致影响承租使用的市民或难胞生活上的困难。

七、成都市区房屋，数年以来，颇多租赁纠纷，往往因要求解除租赁关系，或增加押金给付的争执，当有讼争数年尚难解决的，故一般有房的人，不愿惹此麻烦，把未出租的空房封锁起来。所以本市房荒当中，竟有一方面找不着住房，一方面仍不免有空着房屋的矛盾，这是房屋纠纷，不能得适合法理迅速解决的事实所致。如果政府规定房主应得的权利与收益，我想这些空房的主权人，未必就愿意永远抛弃了应得的利益，不愿出租的。现在要使空房开锁出租，只有由地方政府拟定管制放租的办法，先行调查登记，就地将空房间数租押金额标示出来，划定租赁期限，由需用人向地方政府申请承租，召集主权人成立租赁契约，互相遵守。限满时，再照本市一般房租的增减实际情况，规定其增减租金的多寡，如有违反租约及无故损毁房屋情事，即由政府负责令其赔偿并解除租赁关系。

这样办法，空房的业主，自然不会固执己见了。倘空房业主，不顾时局的利害，故意不租，即由地方政府据租赁人的申请，实行强制放租。这样办法，比较在新市区内或市区内空隙基地新建房屋放租，更为切实迅速，更为目前解决房荒适合市民需要的一种有效的办法。

以上各点，如果能见诸实行，本市市民及难胞的居住问题，当可获得一部分解决的途径。此外，如更有比较切实，而又迅速的良好办法，更希望社会贤达共同研讨，那么，本市的房荒问题，在短期中，或许能够逐步地解决。

（原载《成都市》一九四五年创刊号，原题《谈谈成都市房荒问题》）

附表1：一九四一年成都各大学统计表

校名	地址	校长姓名	教职员数	学生数 共计	学生数 本部	学生数 附设	毕业生数	所设院科
总计	9		1416	4419	4073	316	765	
国立	2		524	1426	1069	57	409	
四川大学	外东望江楼	程天放	378	1201	1174	27	364	文、理、法、农学院、化验专修科、牙科专科学校、医学院、农学院、牧畜兽医系
中央大学	外南华西坝	罗家伦	146	225	195	30	45	
私立	7		892	2993	2704	269	356	
金陵大学	外南华西坝	陈裕光	236	648	496	152	124	文、理、农学院、国文农业、电化教育、军购书馆专修科
光华大学	外西光华村	谢霖	94	654	528	126	51	商、法学院、土木、会计专修科
齐鲁大学	外南华西坝	刘世传	108	257	257	—	29	文、理、医学院
华西大学	外南华西坝	张陵高	290	639	639	—	108	文、理、医学院
朝阳学院	新南门外桤木林	江庸	67	500	500	—	18	法学院
金陵女大	外南华西坝	吴贻芳	67	206	195	11	26	文、理学院、教育专修科
川康农工学院	三块树街	魏时珍	30	89	89	—	—	农工学院

附注：1. 国立四川大学除农学院在蓉外，其他院科均疏散峨眉。

2. 国立中央大学除牙科专科学校医学院及农学院之牧畜兽医系在蓉外，其他院科均在渝。

材料来源：根据教育部统计室造送材料编制。

（原载《中华民国三十年度成都市市政统计》，一九四一年出版，第三十六页）

附表2：成都市空袭损害表（自二十七年十一月起至三十年七月止）

袭击时间	敌机架数 驱逐	敌机架数 轰炸	投弹数目（枚）	人口伤亡 伤	人口伤亡 亡	房屋损失（间）	备考
总计	48	465	1581	1648	1258	9742	
二十七年十一月八日	—	18	96	5	3	6	
十一月十五日	—	17	103	1	—	3	夜袭未到市空
二十八年五月八日	—	—	—	—	—	—	
六月十一日	—	27	111	432	226	4709	
十月一日	—	—	50	1	7	2	
十一月四日	—	27	123	18	16	62	
二十九年五月十八日	—	18	100	18	30	—	
五月十九日	—	36	96	8	3	2	
七月二十四日	—	36	138	93	82	638	
十月四日	—	36	93	225	105	160	
十月五日	—	29	100	57	33	539	
十月十二日	—	8	96	177	124	588	
十月二十六日	—	21	—	—	—	—	
十月二十七日	—	—	94	29	26	440	系驱逐机在各机场扫射
十二月三十日	8	12	—	—	—	—	
三十年三月十四日	—	—	—	—	—	—	
五月二十日	21	54	—	11	—	2	在蓉南机场及武侯祠青羊镇扫射后逸去
五月二十二日	—	—	42	—	29	121	
六月二十日	9	—	—	—	—	—	在北郊扫射
六月二十三日	10	—	—	573	—	—	在北郊机场扫射
七月二十七日	—	108	399	—	574	2470	

301

附注：发出警报或紧急警报而敌机未临市空者概未列入。

材料来源：本表所列数字自二十七年十一月八日起至三十年六月二十三日止，系根据四川全省防空司令部参谋室造送材料编制，三十年七月二十七日数字系根据本府查报材料编制。

（原载《中华民国三十年度成都市市政统计》，一九四一年出版，第八十页）